江西财经大学财税与公共管理学院
尚公文库

廖少纲 ◎ 著

区域科技创新服务平台优化研究：
能力、机制和运行绩效

尚公文库

中国财经出版传媒集团
经济科学出版社
Economic Science Press

图书在版编目（CIP）数据

区域科技创新服务平台优化研究：能力、机制和运行绩效/廖少纲著．--北京：经济科学出版社，2021.12
ISBN 978-7-5218-0552-9

Ⅰ．①区… Ⅱ．①廖… Ⅲ．①区域发展-技术革新-研究-中国 Ⅳ．①F127

中国版本图书馆 CIP 数据核字（2021）第 268569 号

责任编辑：顾瑞兰
责任校对：郑淑艳
责任印制：邱　天

区域科技创新服务平台优化研究：能力、机制和运行绩效
廖少纲　著
经济科学出版社出版、发行　新华书店经销
社址：北京市海淀区阜成路甲 28 号　邮编：100142
总编部电话：010-88191217　发行部电话：010-88191522
网址：www.esp.com.cn
电子邮箱：esp@esp.com.cn
天猫网店：经济科学出版社旗舰店
网址：http://jjkxcbs.tmall.com
固安华明印业有限公司印装
710×1000　16 开　11.75 印张　180000 字
2022 年 7 月第 1 版　2022 年 7 月第 1 次印刷
ISBN 978-7-5218-0552-9　定价：59.00 元
(图书出现印装问题，本社负责调换。电话：010-88191510)
(版权所有　侵权必究　打击盗版　举报热线：010-88191661
QQ：2242791300　营销中心电话：010-88191537
电子邮箱：dbts@esp.com.cn)

总　序

习近平总书记在哲学社会科学工作座谈会上指出，一个国家的发展水平，既取决于自然科学发展水平，也取决于哲学社会科学发展水平。坚持和发展中国特色社会主义，需要不断在理论和实践上进行探索，用发展着的理论指导发展着的实践。在这个过程中，哲学社会科学具有不可替代的重要地位，哲学社会科学工作者具有不可替代的重要作用。

习近平新时代中国特色社会主义思想，为我国哲学社会科学的发展提供了理论指南。党的十九大宣告："经过长期努力，中国特色社会主义进入了新时代，这是我国发展新的历史方位。"中国特色社会主义进入新时代，意味着近代以来久经磨难的中华民族迎来了从站起来、富起来到强起来的伟大飞跃。新时代是中国特色社会主义承前启后、继往开来的时代，是全面建成小康社会、进而全面建设社会主义现代化强国的时代，是中国人民过上更加美好生活、实现共同富裕的时代。

江西财经大学历来重视哲学社会科学研究，尤其是在经济学和管理学领域投入了大量的研究力量，取得了丰硕的研究成果。财税与公共管理学院是江西财经大学办学历史较为悠久的学院，学院最早可追溯至江西省立商业学校（1923年）财政信贷科，历经近百年的积淀和传承，现已形成应用经济和公共管理比翼齐飞的学科发展格局。教师是办学之基、学院之本。近年来，该学院科研成果丰硕，学科优势凸显，已培育出一支创新能力强、学术水平高的教学科研队伍。正因为有了一支敬业勤业精业、求真求实求新的教师队伍，在教育与学术研究领域勤于耕耘、勇于探索，形成了一批高质量、经受得住历史检验的成果，学院的事业发展才有了强大的根基。

为增进学术交流，财税与公共管理学院推出面向应用经济学科的"财税文库"和面向公共管理学科的"尚公文库"，遴选了一批高质量成果收录进两大文库。本次出版的财政学、公共管理两类专著中，既有资深教授的成果，也有年轻骨干教师的新作；既有视野开阔的理论研究，也有对策精准的应用研究。这反映了学院强劲的创新能力，体现着教研队伍老中青的衔接与共进。

繁荣发展哲学社会科学，要激发哲学社会科学工作者的热情与智慧，推进学科体系、学术观点、科研方法创新。我相信，本次"财税文库"和"尚公文库"的出版，必将进一步推动财税与公共管理相关领域的学术交流和深入探讨，为我国应用经济、公共管理学科的发展做出积极贡献。展望未来，期待财税与公共管理学院教师，以更加昂扬的斗志，在实现中华民族伟大复兴的历史征程中，在实现"百年名校"江财梦的孜孜追求中，有更大的作为，为学校事业振兴做出新的更大贡献。

江西财经大学党委书记

2019年9月

前　言

随着经济技术的高速发展,我们步入知识经济时代,科技创新不仅对经济发展起到至关重要的作用,而且成为重新塑造全球经济结构与世界竞争格局的新引擎。然而,若想使科技创新对经济发展起到正向作用,如何合理分配科技资源是关键性问题。科技资源分为科技资金、科技人才、科技基础设施和科技信息。合理分配科技资源,使有限的科技资源在无限的科技需求中最大限度地发挥作用,是解决供需失衡的一个办法。科技资源作为科技创新活动展开的基础和保障因素,只有采用合理的分配方式、不断优化其配置并全面利用,才能为国家科技创新与科技进步贡献力量。

2004年7月,国务院出台建设科技基础条件平台的纲要;2009年9月,中国科技资源共享网投入社会使用;2011年7月,国家再一次强调加快建立建设科技创新服务平台的步伐从而提升科技资源利用率并加快科技创新速度;2015年10月,党的十八届五中全会首次公开提出"创新、协调、绿色、开放、共享"五大发展理念,共享平台在科技资源配置中发挥合理优化与有效集成的作用;2016年7月,为满足"互联网+"时代的平台经济发展需求,以新一代信息技术为支撑,加快建设起若干专业性的技术服务平台,推动跨区域、跨平台科技资源共享与服务;2020年10月,党的十九届五中全会提出,创新是引领发展的第一动力,是推动高质量发展的战略支撑,构建新发展格局最本质的特征是实现高水平的自立自强,必须更强调自主创新;2021年政府工作报告指出,坚持创新在我国现代化建设中的核心地位,把科技自立自强作为国家发展的战略支撑。可见,我国十分重视科技创新服务平台的建设、发展及其具备的强大软实力,国家作为坚实的后盾,为我国科技创新服务平台的建设保驾护航。本书正是从这一背景出发，结合我国科技创新平台的区域特征，通过分析科技创新服务平台的运行机制和绩效，再根据实证分析提供的有益思路，试图找到区域科技创新服务平台的优化路径。本书主要进行了以下方面的探索。

在运行机制方面，本书将"三区联动"区域科技创新服务平台的运行机制设计为操作层和制度层两个层面。操作层是"三区联动"科技创新网络的具体运作方式，主要包括三个依次递进的子平台，分别是资源共享平台、合作创新平台和自主创新平台，以达到增强"三区联动"区域科技创新服务平台自主创新能力的目的。操作层面运行机制的有效和高效运转，离不开制度层面的支持和保障。本书认为，"三区联动"制度层运行机制应该包括进入机制、融合机制、激励机制、创新机制、利益分配机制、监督机制和退出机制等一整套制度安排，并且认为设计完善、严密的制度层运行机制可以有力保证和促进操作层运行机制的运转，达到提高自主创新能力的目的。

在绩效评价方面，本书认为，区域科技创新公共服务平台不同于企业组织，其功能定位使其既具有公共部门的公益性和服务性，又具有企业的营利性特征，因此对于科技创新公共服务平台的绩效评价不仅需要重视财务角度，还需重视非财务角度，以期平衡兼顾营利性和公益性。简言之，区域科技创新公共服务平台运行绩效评价中的多重价值取向平衡的要求与平衡计分卡的平衡视角相契合，使得针对科技创新公共服务平台的绩效管理采用平衡计分卡方法具有适应性、可行性和可操作性。借鉴此新型战略管理工具对科技创新公共服务平台进行绩效评价，可以将不可具体量化的战略目标转换为具体可行的指标，以此可有效地评测科技创新公共服务平台运行的绩效。因此，本书构建了AHP-BSC模型。

在实证分析方面，本书结合江西省科技创新平台建设现状，分析了江西省科技创新平台的运行机制。本书认为，江西省科技创新平台在组建和运行过程中主要包含了保障机制、协同创新机制、激励机制和绩效评价机制。机制之间并非单独存在和独立运行，在平台运行过程中四个机制相互联结、共同作用、相辅相成，并呈现一定的协同性和完整性。其中，保障机制是科技创新平台运行的基础，为平台良好运行提供物质支撑；协同创新机制是平台推进产学研共同开展科技创新活动的纽带，增加产学研合作黏性，使产学研之间的协同创新效率得以提升；激励机制是平台开展科技创新活动的动力，用于激发平台和科研人员创新的主动性和积极性；绩效评价机制对平台发展具有重要的调控作用，根据平台运行效果优胜劣汰，集中力量发展重点平台，提高平台的运行质量。平台的四个运行机制相互作用形成高强度的合力，共同推进平台的有效运行。

随着我国创新驱动发展战略的深入实施，科技创新需求日益复杂，多样化与个性化需求日益突出，研究区域科技创新服务平台运行机制优化，有利于引导和推进区域科技创新平台的发展，对挖掘区域科技创新资源优势、弥补科技创新发展动力的不足、夯实区域科技创新发展基础、促进区域科技资源优化配置和带动全社会开展科技创新活动具有重要意义。此外，衡量与评价区域科技创新服务平台绩效管理水平，有利于破解当前科技创新公共服务平台运行中存在的评价指标随意性强、战略目标不明确等困境，以及界定区域科技创新服务平台的非营利服务性质、考虑政策工具中使用经济指标是否科学等问题，推动政府职能的转变，使政府角色由主导型转向服务型，促进科技创新与经济发展深度融合，提高区域科技创新服务水平，推动经济发展方式转型升级。

同时也应看到，区域科技创新公共服务系统是个复杂的大系统，要厘清其内外部存在的冗长而繁杂的问题难度较高。本书也存在种种不足：（1）调查的样本不够全面，区域科技创新平台分布广泛，由于笔者研究时间和精力有限，国外科技创新平台以数据查询为主，国内只选取了十几个具有代表性的科技创新平台做了实地考察，其他大部分平台是以公布的数据为主要参照物进行分析，因此在平台研究样本选取上可能存在偏差。（2）由于不同地方的科技创新平台面对着不同的政治和经济环境，科技创新平台的建设具有差异性，提出的相关对策建议还有待在实践和操作中进一步验证和完善。

本书是在江西省教育厅科学技术研究项目"江西省科技创新公共服务平台运行绩效评价研究"（项目编号：GJJ180253）的研究基础上，借鉴国内外先进地区科技创新服务平台的发展经验，对区域科技创新平台发展状况进行拓展调研、研究而成。在此，要感谢江西省教育厅对研究提供的项目基金资助，感谢江西财经大学财税与公共管理学院提供的出版支持和为研究提供的各项服务。本书的最终定稿离不开各位学术骨干的大力支持：刘东参与了第 2 章、第 3 章、第 4 章的撰写；胡森辉参与了第 5 章、第 6 章、第 9 章的撰写；姜煜哲、满晶晶参与了第 1 章的撰写。另外，参与本书撰写、调研与研究的还有谢文栋、魏建松、李云霞、胡裕情等，他们完成了书中多个部分内容的撰写工作，并承担了大量琐碎的编辑校对工作，为最终成果的形成做出了贡献，在此一并表示感谢。本书的出版，是对笔者过去阶段研究的一个总结，在有助于笔者未来进行扩展研究的同时，也希望能够为同领域的研究工作者和政策制定者提供一点有意义的参考，其中的错漏之处恳请专家和读者批评指正。

廖少纲
2022 年 1 月

目 录

第1章 绪论 ……………………………………………………… (1)
  1.1 研究背景及意义 ………………………………………… (1)
  1.2 国内外研究现状 ………………………………………… (4)
  1.3 研究内容与研究方法 …………………………………… (14)
  1.4 研究创新与不足之处 …………………………………… (16)
  1.5 研究的理论基础 ………………………………………… (17)

第2章 区域科技创新服务平台优化研究的系统分析 …………… (20)
  2.1 区域科技创新服务平台概述 …………………………… (20)
  2.2 区域科技创新服务平台的结构与功能 ………………… (30)
  2.3 区域科技创新服务平台优化机理 ……………………… (34)

第3章 国内外区域科技创新服务平台发展状况与经验借鉴 …… (43)
  3.1 国外区域科技创新服务平台发展状况与经验借鉴 …… (43)
  3.2 国内发达地区区域科技创新服务平台发展状况
     与经验借鉴 ……………………………………………… (47)
  3.3 国内外区域科技创新服务平台建设的经验启示 ……… (51)

第4章 区域科技创新服务平台能力评价 ……………………… (54)
  4.1 创新能力评价方法 ……………………………………… (54)
  4.2 影响区域科技创新服务平台创新能力的因素 ………… (58)

4.3 区域科技创新服务平台创新能力形成的机理 ……………… (61)
4.4 提升区域科技创新服务平台创新能力的意义 …………… (62)

第 5 章 区域科技创新服务平台运行机制 ……………………… (64)
5.1 区域科技创新服务平台运行机制概述 …………………… (64)
5.2 平台操作层运行机制 ……………………………………… (68)
5.3 平台制度层运行机制 ……………………………………… (74)
5.4 本章小结 …………………………………………………… (79)

第 6 章 基于平衡计分卡的科技创新公共服务平台绩效评价 …… (81)
6.1 平衡计分卡的基本思想 …………………………………… (81)
6.2 平衡计分卡应用于平台绩效评价的适用性 ……………… (83)
6.3 基于平衡计分卡的科技创新公共服务平台绩效
    评价指标体系 ……………………………………………… (84)

第 7 章 江西省科技创新服务平台优化实证分析 ……………… (94)
7.1 科技创新平台发展现状分析 ……………………………… (94)
7.2 科技创新服务平台发展的 SWOT 分析 ………………… (100)
7.3 科技创新服务平台运行机制优化 ………………………… (105)
7.4 科技创新服务平台绩效评估优化 ………………………… (116)
7.5 优化江西省科技创新服务平台的路径对策 ……………… (129)

第 8 章 区域科技服务平台创新能力提升的国际经验及启示 …… (140)
8.1 政府作用与区域科技服务平台创新能力提升 …………… (140)
8.2 企业创新行为与区域科技服务平台创新能力提升 ……… (145)
8.3 产学研合作机制与区域科技服务平台创新能力提升 …… (146)
8.4 科技园区发展与区域科技服务平台创新能力提升 ……… (147)
8.5 高等学校与区域科技服务平台创新能力提升 …………… (148)

8.6 经验借鉴 …………………………………………………………（149）

第9章 优化区域科技创新服务平台的对策 …………………………（152）
9.1 提升区域科技创新公共服务平台创新能力 ……………………（152）
9.2 完善区域科技创新公共服务平台运行机制 ……………………（157）
9.3 提高区域科技创新公共服务平台运行绩效 ……………………（161）

参考文献 ……………………………………………………………………（164）

第1章

绪　论

1.1　研究背景及意义

1.1.1　研究背景

党的十九届五中全会指出：创新是引领发展的第一动力，是推动高质量发展的战略支撑，构建新发展格局最本质的特征是实现高水平的自立自强，必须更强调自主创新。2021年的政府工作报告指出：坚持创新在我国现代化建设中的核心地位，把科技自立自强作为国家发展的战略支撑。科技创新平台是新技术和新成果规模化、产业化的摇篮，是科技创新的关键载体和中坚力量，是我国创新活动的基石。因此，为了充分发挥高校、研究所和企业等创新平台的优势，提高创新效率及满足创新需求，建设一个运转平稳、高效的一流科技创新服务平台对各方创新资源进行汇聚、整合具有重要意义。创新是我国"十四五"时期经济社会发展乃至整个中国现代化建设的重中之重。同时，我国要想在百年未有之大变局中把握发展的先机、开辟发展的新局，赶上世界潮流、走在世界前列，就必须紧紧抓住科技创新这一关键核心变量。换言之，紧握科技创新即是执发展之牛耳。为了响应国家号召和发展自身经济，各省份都积极投身到科技创新平台的建设中，提升区域创新能力已日益成为我国各省份经济发展的重要密码之一。科技创新平台集聚了区域内优秀的科技创新资源，作为支撑全社会创新活动的核心力量和重要载体，在区域科技与经济发展中发挥着重要作用：（1）区域科技创新平台是区域创新系统的核心部分。将分散的创新机构整合为科技创新大平台，利用专业化生产和服务，挖掘创新各环节的竞争优势，提升区域科技创新能力，与松散型的市场组织相比，平台更能深入发挥专业化分工的作用。（2）区域科技创新平台是创新活动的场所，是创新产出的催化剂。对区域各创新主体而言，平台提供了各种正式或非正式的交流渠道，使信息流通更为顺畅，有利于创新主体合作行为的有效开展。对整个区域而言，科技创新平台提供了广阔的交流机会，隐含于各类平台的经验类知识在区域内逐步转化为编码化的知识，使区域比较优势得以充分发挥。（3）区域科技创新平台的发展方向是平台的网络化。各子平台之间通过大量非正式的联系和接触，实现信息的共享，并逐步形成信任关系，从而实现创新过程中交易费用的最小化和外部经济性。

面对激烈的国际科技与经济竞争，主要发达国家和地区都已将建设一流的科技创新平台作为支撑创新活动的优先选择和实现跨越式发展的战略举措。例如，美国设立了专项资金支持科学数据共享平台的建设，通过制定法律法规保障信息的畅通和共享；欧盟委员会建立了覆盖整个欧洲的68个技术合作与转移中心，通过制定"创新和中小企业计划"支持其建设，这些中心通过互联网建立资源共享和创新协作的网络伙伴关系，目前已成为欧洲最成功的技术合作与转移的科技创新平台；英国则把加强科技基础条件平台的建设作为重要战略任务，剑桥科学园和剑桥—麻省理工研究院（CMI）是英国科技创新平台的重要组成部分。此外，德国重要科技基础条件平台之一的马普学会，"软件王国"印度的产品自主创新平台，"欧洲软件之都"爱尔兰的自主创新服务平台等，都是区域科技创新平台实践的不同形式。

我国自2004年全国科技工作会议提出"科技条件平台建设要有大的进展，全社会科技资源共享要取得新成效"的工作目标以来，各省区市都积极开展了科技创新平台的规划与建设工作，并取得了不同程度的进展和成效，部分区域已经形成了一定数量和规模的创新平台。如上海研发公共服务平台、广东省专业镇创新平台、浙江省科技创新平台和行业创新平台等，这些科技创新平台在提升区域自主创新能力、促进区域经济社会发展等方面发挥了重要作用。然而，从目前实践来看，我国各区域科技创新平台的建设尚处于起步阶段，仍存在很多问题：一是各类平台重复建设和资源浪费现象严重，布局不合理现象突出，尚未实现科技资源的共享与整合；二是科技创新平台各组成机构自成体系、分散重复，还不是一个协同创新的服务系统，尚未发挥集成创新的规模优势；三是平台的管理体制与运行方式不适应平台发展的要求，平台建设仍处于条块分割、部门封闭、单位所有的状态，利用率低，共享机制缺乏，相关政策法规不健全；四是特色性不足使得科技创新平台形同虚设，各区域科技创新平台建设多沿袭国家基础条件平台的形式，没有充分考虑本地经济和科技资源的特点以及服务于本地区科技创新的需要。

区域科技创新平台建设和发展的滞后，使得科技创新活动得不到及时有效的支持，导致重大原创性科技成果难以产出，这种局面如不尽早改善，新一轮的资源浪费与重复建设将不可避免。因此，从优化平台这一基点出发，研究区域科技创新平台的能力、机制、绩效提升，为科技创新服务平台科学建设和可持续发展提供了一种可供借鉴的思路。

1.1.2　研究意义

随着我国创新驱动发展战略的深入实施，科技创新需求日益复杂，多样化与个性化需求突出，为充分激发我国区域科技创新服务平台科技创新的活力，有效推进区域科技创新服务平台的可持续发展，提高区域科技服务平台能力、机制和运行绩效建设水平，本书所进行的研究具有重要理论与实践意义。

1.1.2.1　理论意义

早在 20 世纪，欧美发达国家就已经围绕科技创新平台展开了诸多理论研究。但在我国，科技创新平台建设和发展仅仅十几年，对平台的理论研究也尚处于起步和探索阶段。在我国现有的学术研究中，较多是针对发达省份相关创新平台的研究，研究的关注点也多聚焦于信息共享平台和产业创新平台等方面，专门以区域科技创新平台为对象的研究屈指可数。而且目前，我国关于科技创新平台建设方面的法律法规还不够完善，平台制度设计还不够严谨，社会各界对科技创新平台的认识存在误区，特别是没有认识到平台对区域科技创新和经济发展的重要性。本书以区域科技创新平台优化研究：能力、机制和运行绩效为题，研究区域科技创新服务平台的优化，探讨区域科技创新服务平台能力、机制与绩效管理问题,为未来区域科技创新服务平台能力水平、机制建设以及运行绩效评估指明方向,丰富平台优化研究理论体系、支撑我国各区域政府统筹管理以及制定区域科技创新服务平台长期发展规划,提供了重要的科学依据与理论指导。

1.1.2.2 实践意义

科技创新平台的建设是提升区域科技创新水平的重要举措,建设因地制宜的区域科技创新平台,既是区域科技进步和经济发展方式转型升级的需要,也是完善国家创新体系的迫切要求。区域科技创新服务平台如何科学、合理地建设,以及发挥科技创新工作的积极作用,迫切需要区域科技创新服务平台能力建设与时俱进,适应时代发展新要求,提高自身服务能力水平,实现"职"与"能"相匹配,满足科技服务能力创新发展新要求。与此同时,区域科技创新服务平台运行机制优化,有利于引导和推进区域科技创新平台的发展,对挖掘区域科技创新资源优势、弥补科技创新发展动力的不足、夯实区域科技创新发展基础、促进区域科技资源优化配置和带动全社会开展科技创新活动具有重要意义。此外,衡量与评价区域科技创新服务平台绩效管理水平,有利于破解当前科技创新公共服务平台运行中存在的评价指标随意性强、战略目标不明确等困境,以及界定区域科技创新服务平台的非营利服务性质,考虑政策工具中使用经济指标是否科学等问题,推动政府职能的转变,使政府角色由主导型转向服务型,促进科技创新与经济发展深度融合,提高区域科技创新服务水平,推动经济发展方式转型升级。

1.2 国内外研究现状

1.2.1 国外研究现状

目前,国外将科技创新平台作为一个整体的研究多集中于中观和微观层面,如对产业、企业和产品创新平台的研究,而对国家或区域等宏观层面的研究较少。区域内各类型的科技创新平台引起了国外学者的重视,如对重点实验室(研发平台)、大学科技园及企业孵化器(产业化平台)、技术转移中心

（公共服务平台）等的研究不断增多，总体上以实证研究为主。

1.2.1.1 平台与创新平台方面

（1）平台相关研究。"平台"这一概念最早可追溯到20世纪初，出现于亨利·福特的《现代人》（*Modern Man*）一书，为提高汽车的舒适性和使用性时用到了"平台"的概念。20世纪80年代以后，柯达、索尼和英特尔等公司在产品开发过程中都采用了平台方法。平台方法在实践中的成功应用得到了管理界的关注，美国西北大学教授迈耶尔（Meyer，1991）提出了产品平台（product platform）和技术平台（technology platform）的概念，指出"平台"实际上可以看成一系列"软"和"硬"要素的集合体。麦格拉斯（McGrath，1995）从功能角度认为"产品平台"是由一组亚系统和界面组成的共有结构，可以有效地开发和生产出相关产品。罗伯逊与乌尔里西（Robertson & Ulrich，1998）从平台构成角度认为"产品平台"是某一产品系列共享资产（包括零部件、工艺、知识、人员与联系等）的集合。鲍德温·克拉克（Baldwin Clark，1997）从平台特征角度下定义，即"平台"是由标准（模块的设计原则）、界面（模块间相互作用和联系的接口架构）以及模块体系三个方面组成的。

（2）创新的相关研究。学者们在研究区域创新平台时，发现原有的创新理论已经不再适用；一些创新手段和模式也已无法适应复杂性技术逐步提升的变化；引导创新的因素和方案之间是割裂的，并且有着很明显的要素边界化趋势；每个阶段以及每个环节间的不融合在一定程度使得创新产生和扩散遇到了严重的障碍。奥塔蒂和施密茨（Ottati & Schmitz，1994）指出，地方机构的社会根植性使得其能够从本地实际出发，并更具发展地方创新平台的责任感。斯科特·谢恩等（Scott Shane et al.，1995）认为，一个越是盛行集体主义的社会，创新先行者越是希望寻求对创新平台的跨部门支持。卡马吉尼（Camagini，1991）、阿希姆（Asheim，2002）指出，社会网络、信任、社会规范等正式和非正式制度奠定了创新体之间合作交流和集体学习的基础，构成了影响创新活动的环境。同时，在特定的制度作用下，不断衍生新的企业，集体行动得以达成，交易费用得以降低，缄默得以传递。库克（Cooke，1997）、阿希姆（Asheim，2002）认为，相比企业间相互作用的强度和结网数量，非企业机构和组织在提高区域创新能力方面的作用更为重要。皮埃尔·莫宁和拉尔斯·亨德里克罗拉（Pierre Mohnen & Lars-Hendrik Roller, 2005）指出, 欧洲创新过程中的实质性障碍是高度模块化的创新政策导致的不平等的局限, 认为能很好地促进企业创新的是整体性的解决方案, 尤其是那些具有很强方向性和引导性的政策措施。

（3）创新平台相关研究。随着创新研究的逐步深入, 学者们从文化和创新战略中得到启示: 通过一定的组织形式、规则和程序等可以规避创新过程中的不确定性, 从而推动创新。在此基础上, 很多学者尝试将原有的以还原论为基础的割裂模式整合到一种集成的"大平台"上, 认为"平台"这种形式可以消除创新过程中的复杂性, 在创新过程中建立创新平台可以提升创新的速度和效率。美国竞争力委员会1999年提出了创新平台（platform for innovation）这一概念, 即创新平台是创新过程中不可或缺的要素, 包括创新基础设施、人才、前沿研究成果、资本条件、相关法律法规、促进理念向创造财富的产品和服务转化, 以及使创新者的投资能够收回的市场准入政策和知识产权保护制度等。欧洲创新环境研究小组提出了自主技术创新平台的概念, 指出职能组织平台、支柱产业平台、核心技术平台是其主要的实体平台。① 约翰逊和拉维普里特（Johnson & Ravipreet, 2003）指出, 创新平台提高了企业的合作能力和学习能力, 基于平台的学习活动使企业内部的关系变得更加高效、稳定且富有成效。荷兰内阁拨款8亿欧元作为支持创新教育和研究的基金, 建立了为创新战略计划提供保障的科技创新平台, 大大促进了企业与公共知识机构之间的合作交流, 使科技政策得到升级, 推进了荷兰知识经济发展。② 尼古拉斯和卡拉（Nicolas & Kara, 2007）探讨了消费品公司利用创新平台这种形式产生有发展潜力理念的过程以及降低创新风险的手段, 指出创新平台是企业创新的动力和基础, 企业可以基于创新平台从众多产品中选取最可能获得商业化成功的进行开发, 另外, 不同的企业也可以基于同一平台创造新产品、产生新技术, 创新

---

① Safidadeh M H, Field G M, Ritzman L P. Sourcing practices and boundaries of firm in the financial services industry [J]. Strategic Management Journal, 2008 (29): 79–91.

② Laranja M, Uyarra E, Flanagan K. Policies for science, technology and innovation: Translating rationales into regional policies in a multi-level setting [J]. Research Policy, 2008, 37 (5): 823–835.

平台在高新技术企业中具有广泛的运用前景。

1.2.1.2 关于科技创新平台建设的相关研究

随着科技在驱动经济发展中的作用越来越明显，21世纪初，世界各地的科技创新平台的建设如雨后春笋般地崛起。国外学者对科技创新平台建设的理论研究也日益丰富，这些研究一开始主要集中在工程研发中心、国家重点实验室和高校孵化园等功能单一类型的平台上。如彼·格拉夫（B. Graf，2009）以美国多个重点实验室为研究对象，通过分析实验室的运行情况后，认为美国实验室的运行和发展与其国家的政策实施和平台建设规划密切相关，但同时，政府的过度指导也进一步阻止了平台的自由发展。迈克尔和克里斯托夫（Michael & Christoph，2015）在对国家实验室的研究中，发现实验室在人才培养、创新资源整合和推进成果产业化等方面具有明显作用，但在推进产学研合作和协调产学研之间的关系方面还需进一步提升。此外，学者们除了对平台建设方面进行了研究，还在平台运行机制、运行绩效评价等方面展开了研究。国外学者在20世纪90年代就开始研究平台运行方面的问题。在平台运行机制方面，拉尔斯·韦伯（Lars Weber，2010）认为，动力机制、监督机制和协同机制构成了科技创新平台的主要运行机制，平台在这三个机制的运行下为创新主体提供优质的创新服务和保持平台持续稳定运行。

1.2.1.3 关于科技创新平台能力提升的研究

在区域创新能力的研究方面，已有众多文献对相关问题进行了分析和探讨。斯特恩等（Stern et al.，2000）认为，区域创新能力是由一系列创新产品的生产潜力来衡量的。里德尔和施沃（Riddel & Schwer，2003）则将区域创新能力界定为一个地区不断地产生与商业活动相关联的技术创新的行为。已有研究中，有关区域创新能力的影响因素的讨论一直是学者们关注的焦点。杰夫（Jaffe，1989）、费尔德曼和弗罗里达（Feldman & Florida，1994）等认为，区域创新能力可能集中于三个方面的因素，即R&D存量、劳动力以及人力资本。另外，斯特恩等（Stern et al.，2000）的研究也同样强调了R&D存量这一因素的重要作用。柳和怀特（Liu & White，2001）、古和伦德瓦尔（Gu & Lundvall，2006）、道奇森（Dodgson，2009）均对中国的创新系统进行了考察，认为独特的体制性因素可能是造成中西方创新系统差异的重要因素之一。

1.2.1.4 关于科技创新平台运行绩效的研究

关于科技创新服务平台的绩效评价，美国的科技创新服务平台绩效评价比较典型的是在对各类实验室的绩效评价上。评价的主要指标为：项目的执行情况、研究进展程度、研究成果情况、仪器设备的使用效率和共享情况、实验室的管理情况、硕士生和博士生的培养情况、论文和专利的发表申请情况以及获奖情况等。[①] 澳大利亚对于科技创新服务平台的绩效评价主要从三个方面进行：适当性的评价、效率性的评价以及有效性的评价。其主要程序为：项目分析和确定考评的重点；找到考评所需要解决的关键问题，确定考评的项目和战略；收集、分析所得到的考评资料；起草并发布考评报告；总结绩效评价结果；充分利用评价结论。[②]

1.2.2 国内研究现状

1.2.2.1 科技创新平台内涵及功能研究

国内关于科技创新平台的研究起步较晚，而且大多以科技创新平台的内涵和功能的研究为开端，主要有以下几种代表观点：张利华等（2007）从系统失灵的角度对区域创新服务平台进行了研究，认为区域创新服务平台是一种基础性支撑体系，是软件和硬件的有机结合，并为区域创新活动开展提供优质服务，促进科技资源的共享与高效配置的综合平台。岳素芳等（2015）从平台概念演化出发，认为公共科技服务平台是一种动态非营利联盟组织，其立足之本在于"服务"，模式之新在于"平台"。李增辉等（2012）对技术创新服务平台研究后，认为平台是面向中小微企业，以支撑区域技术创新和产业发展为目标，针对中小企业技术创新的共性需求和产业技术创新链上的薄弱环节，通过整合高校、科研院所和高技术企业等单位的优势资源，形成具有高水平、能够为区域提供技术性服务、开放且稳定的组织系统。戴晓琳等（2010）以宁夏大学为例，发现科技创新平台在承担重大科研项目、培养科技人才、促进产

---

① Hickling Arthurs Low. Evaluation framework for the Canada foundation for innovation [EB/OL]. www.innovation.ca, 2002.1

② Defond M L, Park C W. Effete of competition on CEO turn over [J]. Journal of Accounting & Economics, 1999 (27): 35-56.

学研合作、科技成果转化以及推动区域经济建设和地方社会发展等方面发挥了重要作用。王雪原等（2012）认为，科技服务平台具有创新资源集聚、对接服务、资源整合、共享与扩散和创新活动服务五项基本功能。

1.2.2.2 科技创新平台建设研究

基于我国科技创新平台建设的需要，国内学者对我国不同省份的科技创新平台建设情况和发展中的问题展开了研究并提出了相应的对策建议，以促进不同地区科技创新平台的建设和发展。李啸、朱星华（2008）通过总结浙江省在科技平台建设过程中的主要做法与成效，认为科技创新平台的科技重大项目研究是推进科技进步的重要途径，平台的建设需要有明确的目标，而且必须面向社会。孟敏（2017）以武汉大学科技创新平台为研究对象，总结了平台近年来所取得的建设成效，并分析了平台成功的经验和在建设过程中存在的主要问题，包括人才短缺、资源配置不合理、管理机制不灵活等。陈黎、黄智华（2012）从制度体系、管理方式、经费投入以及运用模式等方面，对广州、深圳创新平台建设情况进行了对比分析，并提出了促进广州科技创新平台发展的建议。余唯、李海燕（2018）以广东省科技创新平台为研究对象，在分析了科技创新平台在共享过程中存在的问题后，以南方医科大学重点实验室平台进行了共享实证分析，并给出了提高平台共享服务水平的对策建议。江军民等（2011）通过对湖北科技创新平台的发展状况及存在的主要问题进行案例分析，从五个方面提出了促进科技创新平台建设与发展的对策措施。在平台运行绩效评价方面，林家礼和曾国雄（Chia-Li Lin & Gwo-Hshiung Tzeng, 2009）在分析了科技园创新平台运行和发展的影响因素的基础上，建立了科技园创新平台的运行绩效评价模型，该模型主要包括人力资源、技术资源、投资环境和市场发展四个维度，并据此模型对我国台湾地区的新竹科技园和内湖科技园创新平台运行绩效进行了实证研究。

1.2.2.3 科技创新平台运行机制研究

科技创新平台建立后由于缺乏相关经验，平台管理和运行问题日益显现。因此，学者们也对平台运行机制开展了研究。孙庆、王宏起（2010）运用系统思想在构建地方科技创新平台体系的基本架构和分析其运行过程的基础上，提出了组织保障机制、协同整合机制、创新激励机制来推进地方科技创新平台体系有效运行。王玉平等（2018）在综合相关科技文献的基础上，对我国科技公共创新平台运行进行了实证研究，明确了创新平台中创新主体的地位和功能，并从创新要素的角度归纳了平台的运行机制。简兆权（2012）以佛山公共科技创新平台为研究对象，构建了以理事会为核心的管理机制、虚实结合的平台组织模式、共享共建的运行架构、利益协调的运行机制。谢旭红（2012）通过研究我国高校科技创新平台，认为科技创新平台是高校科技创新能力提升的重要科研组织，并从三个方面提出优化和完善高校科技创新平台的运行机制。宋东升（2013）从政府主导角色出发，以中小企业公共技术服务平台的基本理论为基础，借鉴国内发达地区的实践经验，从资源聚合、企业化运行和外部监管方面对中小企业公共技术服务平台运行机制进行了探索。王然、李正元（2011）在分析和总结科技创新平台内涵作用和特性的基础上，提出了优化科技创新平台的运行机制，主要包括多元投入机制、资源共享机制和激励机制。

1.2.2.4　科技创新平台运行绩效评价研究

科技创新平台作为政府向社会提供科技类服务产品的一种平台，近年来其运行效率也受到学者们的广泛关注，学者们分别从不同的视角和不同的方法对不同区域科技创新平台进行运行绩效评价研究。王婉娟、危怀安（2016）在梳理国家重点实验室协同创新能力测量指标的基础上，构建了国家重点实验室协同创新能力评价指标体系，并对26个国家重点实验室协同创新能力进行了实证研究。廖少纲、谢文栋（2019）在结合平衡计分卡的基本原理和科技创新服务平台性质的基础上，搭建了BSC-AHP评价基本模型，基于该模型建立了科技创新平台绩效评价指标体系，对江西省科技创新平台运行绩效进行了实证研究。苏朝晖等（2015）从科技创新平台用户角度出发，采用SERVQUAL模型建立了科技创新平台服务质量评价体系，并利用重要性绩效（IPA）方法对福州、厦门、泉州三地科技创新平台评价结果进行应用分析。魏建良等（2018）按照浙江省科技创新平台分类方式，制定了三套绩效评估指标体系，并运用DEA-Malmqusit指数分析方法对2014~2016年平台资源投入产出绩效进行了测算。

1.2.2.5 科技创新平台服务能力的研究

从评价指标体系来看，徐大可（2007）认为，在研究中国地区创新能力时综合考虑技术和制度因素是技术创新理论、制度创新理论研究的一个新的发展阶段。"创新能力"的概念非常丰富，既包括"技术创新能力"，还包括"制度创新能力"，两者互相决定、互相影响，共同组成"创新能力"的主要方面，因此在构建创新能力指标体系时需要涵盖这两个方面的指标。吕可文等（2016）基于知识创新能力、企业创新能力、区域创新环境、区域创新绩效四个方面，采用多层次因子分析法对我国中部六省的区域创新能力进行了横向及纵向对比分析。

从创新能力影响因素角度研究，章立军（2006）在全面的创新能力评价指标体系的基础上，通过对我国31个省份面板数据进行实证分析，指出人力资本素质的高低以及市场容量状况对创新能力影响最为显著，同时创新能力也会受到基础设施状况和金融环境的影响。刘军等（2010）通过建立面板数据计量模型，分析了制造业不同细分行业产业集聚程度对区域创新能力的影响，发现高技术产业集聚对创新的影响要高于传统行业。赵瑞芬等（2012）以河北省为例，通过实证模型研究分析创新所依赖的环境对区域创新能力的影响程度，指出可以通过改善创新环境来提高创新能力。赵艳华、赵士雯（2016）利用灰色关联度分析方法，对不同影响因素对京津冀区域创新能力的影响程度进行了分析，指出了三地创新发展存在的差异与共性。

1.2.2.6 科技创新平台发展模式的研究

张立岩（2015）从自然生态系统中种群的生长速度上得到启发，设计出生存竞争、合作共生和协同进化三种发展模式，分别对应区域科技创新平台生态系统发展的初创期、成长期和成熟期。孙庆（2010）在全面系统地对区域科技创新平台网络化发展的内外部影响因素进行分析的基础上，对区域科技创新平台的网络化发展模式作了总结，分别为均衡发展模式、增长极发展模式和点轴发展模式。徐玉莲（2012）在协同发展思想的指导下，设计并比较了区域科技创新和科技金融的三种协同发展模式，即政府主导型、过渡型和市场主导型，并指出三种模式无优劣之分，且可随着选择条件的不同进行动态转换。赵丽、赵峰（2017）通过建立正态云模型提出了点级式发展模式，并认为该模式对资源型城市科技创新平台的构建、城市的转型升级和科技创新具有重要的推动作用。张海戈等（2011）对省校合作模式进行了分析，认为创新载体应由省和大院名校共建，这有利于充分发挥大院名校的科研成果和顶尖人才等资源的作用，可更好地促进经济发展。

1.2.2.7 平台服务功能和服务模式的研究

科技创新服务平台的服务功能是共享平台与技术平台服务功能的综合集成，随着科技创新活动综合性特征的日益凸显，科技创新需求也日益复杂及多样化，共享平台作为汇聚与整合科技资源的有机载体，需具备为资源提供方和服务需求方在科技创新活动中提供整体化、系统性解决方案的服务功能。而技术平台作为面向战略性新兴产业发展所构建的一种分布式创新组织体系，以专项提供技术类服务为主要功能。肖卫东（2014）认为，共享平台应具备为企业等创新主体提供多样化与整合性服务、培育与发展服务经济重要网络节点、促进企业与生产性服务业双重集聚等功能。贾君枝等（2017）提出，共享平台的建设核心是要高效配置科技资源，而服务功能是通过整合仪器设备、自然资源、科学数据、科技成果等多样科技资源，为科技创新活动提供科技资源共享的综合性、基础性中介服务。努恰雷利等（Nucciarelli et al.，2011）认为，技术平台通过整合大学、科研院所与创新企业的技术资源，具有为特定产业的企业发展提供技术研发、技术转移、技术推广与技术培训的服务功能。曼特纳等（Mantena et al.，2012）从功能角度提出平台具有协调供需双方需求供给和为其提供服务的两种功能。阿尔布拉斯等（Alblas et al.，2014）面向装备制造业，提出技术平台建设能有效减少产品的生产效率，并基于技术规格、技术与生产模块等方面对技术平台的功能架构进行了创新设计。

学者们对平台服务模式的研究相对较少，部分学者在网络环境下设计平台服务模式，如华中生（2013）指出，平台服务模式应侧重于新兴信息技术对服务参与者行为以及资源集成过程的影响；张琼妮（2014）基于网络环境设计了区域协同创新平台的按需定制资源服务模式、泛资源虚拟型创新模式和产学研对接模式。其他学者则从不同视角对平台服务模式展开了研究：欧阳峣等（2011）以金砖国家科技合作为研究背景，提出平台需构建服务网络、服务联盟和专家团队等服务模式；王宏起等（2014）提出共享平台的服务模式需从信息对接模式转向网络化、智能化的集成服务模式；高超等（2015）提出共享平台"一站式"创新服务模式，主要包括科技检测服务、大型科学仪器与文献资源共享、技术评估与转移服务、工业设计共性技术支撑四个服务模块；李玥等（2015）在云环境下构建了共享平台专家团队支持服务和系统智能服务两种智慧服务模式；季六祥等（2015）基于云端创业生态圈，提出云平台服务范式，即为平台主体提供全面与多层次的云服务模式，并在此基础上规划了区域生态型平台服务战略；罗晨阳等（2017）指出，技术平台应从提供准公共服务为主的单一模式向以提供市场化业务为主、准公共服务为辅的复合型模式转变。

1.2.3 研究述评

从上述研究现状来看，对于科技创新公共服务平台的研究主要集中在：如何构建可持续发展、共赢的创新服务平台，如何构建创新服务平台绩效评价指标体系以及对区域内科技创新公共服务平台运行现状的实证研究。国内外学者对科技创新平台的相关研究，丰富了科技创新平台研究的理论基础，也是本书相关研究的重要理论基石。根据现有研究，可以归纳出国内外科技创新平台在发展中的共性和个性，总结平台建设和运行的管理经验，对提升我国科技创新平台运行效率、建立富有区域特色的科技创新平台提供了宝贵的实践经验和理论借鉴。但现有研究仍然存在一定的不足之处，主要表现在两个方面：第一，对科技创新平台的建设研究主要针对发达地区，对欠发达地区的研究相对较少；第二，对于不同地区科技创新平台的调查研究仍需进一步深化，制定平台的发展策略要与平台所处的环境相结合。

综上所述，虽然学界对于科技创新平台的优化从理论上进行了一定的探索和研究，但由于不同区域科技创新平台面临的经济和政策环境具有差异性，针对不同区域的科技创新平台仍需进一步深入研究。本书以区域科技创新服务平台优化研究：能力、机制和运行绩效为题，对优化区域科技创新服务平台的创新能力、运行机制和服务水平，发挥平台对区域经济发展转型升级的推动作用和形成完善的区域科技创新体系具有重要的理论和现实意义。

1.3 研究内容与研究方法

1.3.1 研究内容

本书主要以区域科技创新平台为研究对象，对区域科技创新平台的服务能力、运行机制以及绩效运行现状及存在的问题进行了分析，并借鉴国内外发达地区平台建设经验提出了相应的政策建议，全书主要分为以下六个部分。

第一部分，对本书的研究背景、研究目的和意义进行了详细的阐述，梳理和归纳了国内外对科技创新平台的研究文献，介绍了研究的理论基础，总结了科技创新平台现有研究的不足。同时，提出了本书的研究技术路线和主要研究方法，以及本书的创新和不足之处。

第二部分，对相关概念和基本理论进行了概述，介绍了区域科技创新服务平台的基本概念，以及科技创新平台的特征、功能、结构、发展规律等内容。

第三部分，根据区域科技创新服务平台的发展现状进行分析，以国内和国外发展为蓝本进行分析、总结经验，吸收优秀成果。

第四部分，分别对区域科技创新服务平台的能力、机制以及绩效进行分析评价，找出区域科技创新服务平台在这三方面存在的问题，并针对存在的问题提出优化策略。

第五部分，运用平衡计分卡和层次分析法进行实证分析，并在分析的基础上提出对策建议。

第六部分，从不同主体角度进行经验总结，提出优化区域科技创新服务平台的对策研究。

1.3.2 技术路线

本书研究的技术路线如图1-1所示。

1.3.3 研究方法

（1）文献分析法。通过查找和阅读大量国内外关于科技创新平台建设的

```
研究绪论 ──→ 本书的研究背景与意义、国内外研究文献综述、研究
              框架和研究方法、理论基础以及研究创新之处与不足

概念阐述 ──→ 明确区域科技创新平台的概念，介绍科技创新平台的
              特征、功能、结构、发展规律等内容

现状分析 ──→ 通过对国内外区域科技创新服务平台的发展进行分析
              和经验总结，吸收优秀成果

问题分析 ──→ 分别对区域科技创新服务平台的能力、机制以及绩效
              进行分析评价

实证分析 ──→ 运用平衡计分卡和层次分析法进行实证分析，并在分
              析的基础上提出对策建议

优化对策 ──→ 从不同主体角度进行经验总结，提出优化区域科技创
              新服务平台的对策
```

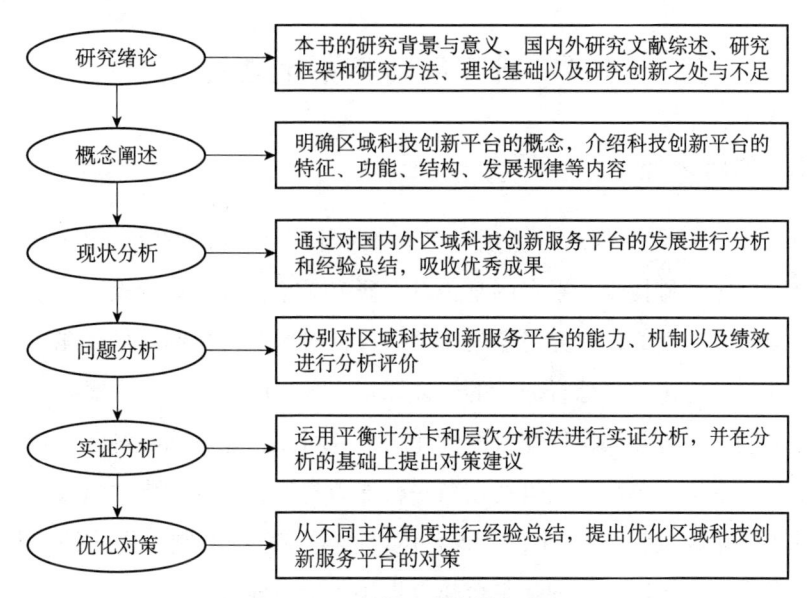

图 1-1　本书研究的技术路线

相关文献，包括期刊论文、专著、学位论文、科技报告、统计年鉴和会议文件等，充分了解该领域的研究成果和研究前沿，对科技创新平台的基本概念有了明确的界定，对该研究的理论依据有一定的了解，在此基础上，展开了对区域科技创新服务平台运行机制、服务能力和运行绩效优化的研究。

（2）定性与定量相结合的研究方法。采用定量分析与定性分析相结合的方法。首先，针对各省区市具有典型性的科技创新公共服务平台发展状况进行总结分析。选取国内外具有规模化、典型性的科技创新公共服务平台，将其区域科技创新公共服务平台的建设、运行进行比较分析。其次，通过对科技创新公共服务平台的投入和产出等进行逐层分解，结合平台发展的实际情况，提出适用于科技创新公共服务平台绩效评价的指标并测算出各指标权重，最终构建出科技创新公共服务平台绩效评价的指标体系并进行实证研究。

（3）比较和归纳研究法。通过对比研究国内外科技创新平台建设的异同点，总结国内外科技创新平台建设的经验，归纳其在平台提升服务能力、优化运行绩效中遇到的困境和破解困境的方法，为区域科技创新平台的建设过程中有效规避同样或类似的问题和更好地发展提供经验启示。

1.4 研究创新与不足之处

1.4.1 创新之处

（1）研究对象的创新。从现有的科技创新平台的研究文献中可以发现，大部分是以区域科技创新平台的某一点为研究对象，或是运行机制，或是建设现状，或是发展模式，研究对象较为单一，针对区域科技创新平台能力、机制和运行绩效的优化进行综合分析的研究屈指可数。因此，本书主要以区域科技创新平台能力、机制和运行绩效的优化为研究对象，能够弥补对区域科技创新平台研究的不足，丰富区域科技创新平台能力建设、机制优化和绩效管理的理论基础，强化区域科技创新平台能力建设、完善运行机制、优化绩效评估体系，同时为今后区域科技创新平台建设提供理论指导。

（2）研究内容的创新。以区域科技创新平台能力、运行机制及绩效评价为本书研究的着力点，指出了区域科技创新平台能力、运行机制以及绩效管理中所存在的问题，并依据相关理论和借鉴国内外平台先进建设经验，提出了优化平台能力、完善运行机制以及提高绩效评估的对策，对提升区域科技创新平台的能力水平、运行机制效率以及绩效评估具有重要意义。

1.4.2 不足之处

（1）调查的样本不够全面。区域科技创新平台分布广泛，由于笔者研究时间和精力有限，对国外科技创新平台以数据查询为主，国内仅选取了十几个具有代表性的科技创新平台做了实地考察，其他大部分平台是以公布的数据为主要参照物进行分析，因此在平台研究样本选取上可能存在偏差。

（2）由于不同地方的科技创新平台面对着不同的政治和经济环境，科技创新平台的建设具有差异性，因此提出的相关对策建议还有待在实践和操作中进一步验证和完善。

1.5 研究的理论基础

1.5.1 三螺旋理论

三螺旋理论最早出现于 20 世纪 50 年代生物学领域，而后该理论被学者们延伸运用到社会经济学领域。90 年代，亨利·埃茨科威兹和罗伊特·雷德斯多夫（Henry Erzkowit & Loet Leydesdorff）为分析政府、产业和大学之间的交叉关系，在该理论框架基础上提出了官、产、学三螺旋理论。该理论指出，政府、产业和大学是经济社会创新环境的三大要素，在市场中相互联合、相互作用，形成了三种力量交叉影响的螺旋关系，这就是三螺旋理论（如图 1-2 所示）。该理论指出，政府、产业和大学在经济社会中具有同等重要的地位和作用，突出强调政府、大学和产业之间合作关系，这有别于完全由政府主导或由市场主导的产学研合作模式。在开展创新活动中，政府、产业和大学三方都可以成为领导者、组织者和参与者，三者以市场需求为纽带，在科技创新活动中和技术扩散与转化为生产力的过程中，形成一股创新合力，相互作用、相互影响、互惠互利，并呈现螺旋式上升的状态。随着知识经济的出现和发展，三螺旋理论的核心——大学和科研机构成为区域知识资产的主要来源，在一个完善的创新环境下，大学和科研机构通过其附属的创新载体与市场需求间搭建起技术桥梁，不断向市场推出新产品和新技术，发挥了科技创新的强大辐射作用。

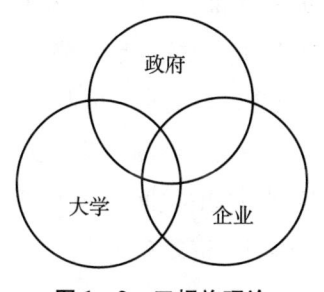

图 1-2 三螺旋理论

1.5.2 技术扩散理论

技术扩散在微观层面主要体现的是技术在创新主体和企业之间的转移扩

散,也可以理解为技术转让、技术贸易、技术交流和技术传播等的总称。关于技术扩散,国内外学者也展开了诸多讨论和研究,有了许多丰富的研究成果,但目前对技术扩散内涵的阐述学术界仍未达成共识。其中,罗杰(Roger, 1983)对技术扩散的定义得到了广泛的认可,他认为技术扩散是一个构想,从创新或创造的来源,散播到最终采用者或使用者的过程。随着国内外学者从不同视角对技术扩散的深入研究,技术扩散的理论探索也趋于多元化状态。德罗安(Deroian, 2002)从社会网络的视角对技术扩散进行了研究,认为技术扩散不仅创新技术的传播过程,同时也是基于人际关系的社会网络建构过程。因此,我们可以这样理解技术扩散:创新技术通过一定的渠道或途径进行传播、推广和应用,最终推进产业技术进步和产业结构的优化,促进国民经济的发展。在科技创新平台运行中,推进区域技术扩散是平台的主要服务功能之一,主要表现为平台推进科技成果的转化和产业化、产业共性技术的传播、创新资源的共享等。因此,加强对技术扩散理论的认识,是了解如何建设好科技创新平台必不可少的理论基础和依据。

1.5.3 协同创新理论

协同创新理论主要是由哈肯(Harken)的协同理论和创新理论有机结合而来,自熊彼特(Schumpeter)在《经济发展理论》中提出和阐述了创新的内涵之后,创新理论得到了快速的发展和延伸。现今,创新已成为社会进步和驱动经济发展的根本动力,但科技创新主体和创新环境日益复杂,科技创新壁垒逐渐增多,创新主体开展科技创新活动的瓶颈也越来越大,依靠单一的创新主体的创新模式已经无法满足区域科技创新的需求。因此,在哈肯创立协同学之后,协同学和创新学开始慢慢融合,协同理论的一些相关内容被融入创新理论当中,用来研究区域创新系统中各创新主体之间在开展科技创新活动的相互协同关系,使创新主体通过合作、协商、资源互换等方式来实施创新活动,使各主体核心能力不断提升。在资源和信息互补与融合的过程中,各创新要素和创新资源得到了最大效度的利用,产生超越自身各自创新的作用,达到"1+1>2"的协同效应。美国麻省理工学院斯隆中心研究员彼得·葛洛(Peter Golor, 1990)认为,协同创新是以自我激励为前提,通过创新活动和创新网络来进行信息的传递、物质的交换，以协作的形式实现共同的目标。此后，协同创新理论逐渐形成。协同创新的形成关键在于各创新主体通过信息共享、技术交流、资源互换等方式合作，产生叠加的突变性创新效果。它主要有两个特点：一是整体性，协同创新不是各个创新主体之间简单无序地开展创新活动，而是各创新主体之间有机结合、互相融合；二是协作性，即以创新项目为媒介，开展资源共享和人员交流活动，实现资源的优化配置，推动产学研共同进步、共同发展。

1.5.4 新公共服务理论

新公共服务理论起源于20世纪80年代，由于政府过多干预经济导致西方国家普遍出现了经济滞胀、通货膨胀等现象，西方资本主义国家掀起了政府重塑运动和政府角色转变运动，新公共服务理论也便随之诞生。新公共服务理论是由哈登夫妇在批判新公共管理理论追求效率而忽视民权的基础上提出的一种全新的政府管理模式和理念。该理论主要包含七大观点，其中，"服务而非掌舵"是其核心观点，主要就是为了弱化政府在管理中的作用，并突出强调在公共行政中以公民为中心的治理体系。科技创新平台是政府向社会提供的一项服务类产品，也是政府向服务型政府转变的一项具体措施，体现的是政府管理职能的转变。因此，科技创新平台的建设应汲取新公共服务理论的核心思想，在市场经济条件下，政府应发挥其引导和补充作用，弥补市场失灵所带来的缺陷，为广大创新主体提供各种优质的服务。以新公共服务理论指导科技创新平台的建设，更能凸显政府在科技创新活动中的服务型角色。

第 2 章

区域科技创新服务平台优化研究的系统分析

2.1 区域科技创新服务平台概述

2.1.1 相关概念界定

2.1.1.1 创新

"创新"一词最早起源于拉丁语,它原意有三层含义:第一,更新;第二,创造新的东西;第三,改变。从经济学角度对"创新"一词进行定义并加以研究的则是美国哈佛大学教授熊彼特,他在其经典著作《经济发展概论》一书中首次提出"创新"概念,并指出"创新"是把一种新的生产要素和生产条件的"新结合"引入生产体系。熊彼特指出,创新包括以下几种情况:引入一种新产品;引入一种新的生产方法;开辟一个新的市场;获得原材料或半成品的一种新的供应来源。熊彼特还指出,对高额利润的追求和对事业成功的追求是企业家创新的动力源泉。到20世纪60年代,经济学家华尔特·罗斯托发展了"创新"理论,提出了"技术创新"的概念,并提出了"起飞"六阶段理论,这是对创新研究的一大发展。

一般而言,创新是指通过人的复杂性思维的过程所创造产生的还未存在的事物或观念。通常,创新都是主动的、有目的的行为,是对旧事物的本质性变革或改进,它对经济发展、社会进步起着直接和间接的推动作用,其重要意义正如习近平总书记所指出的，创新是一个民族进步的灵魂，是一个国家兴旺发达的不竭动力，也是中华民族最深沉的民族禀赋。在激烈的国际竞争中，惟创新者进，惟创新者强，惟创新者胜。创新的重要性随着经济和社会的变迁和发展显得越来越重要，有关创新的相关研究，近年来数量增长显著。

2.1.1.2　科技创新

科技创新从宏观上来讲是科学技术创新的简称，也是对科学领域的研究和知识范畴、技术领域的创新的综合概括。国内外学者从不同角度对其内涵进行了诸多解释。1950年，索洛（Solow）首次对科技创新的形成进行了研究，他认为科技创新的形成必须依托新观念和新思想的实现和发展。1962年，伊诺思（Enos）从行为集合的角度对科技创新进行了解释，认为科技创新是多种行为综合的结果，这些行为包括组织建立、资本投入、制订计划、招用工人和开辟市场等。我国学者自20世纪80年代以来对科技创新也开展了诸多理论研究，但多以熊彼特的经济理论为基础。傅家骥（1992）从企业角度对科技创新给出了定义，认为科技创新是企业家为了获取更多的利润，通过改进生产经营方式和更新生产技术，向市场推出新产品的过程。后来，王玉平（2018）、卢锋（2015）等学者也从不同视角对科技创新作了不同的阐述，虽然表述的内容不同，但核心观点基本上是一样的。

科技创新既包括利用科学知识和方法以及科学研究发现来推动技术进步的创新，又包括利用技术突破和新发明转化为生产力而促成的创新。从定义上来看，科技创新实质上既包括科学创新，又包括技术创新；既包括科学发现和科学研究对创新的促进作用，又强调新技术、新工艺等技术突破在实用性转化中对于创新的促进作用。对于企业而言，科技创新和技术创新的区别在于：技术创新通常指的是企业依靠内部力量和资金进行的自主创新；科技创新除了企业内部力量进行的自主创新以外，还需要联合企业外部资源，如科研院所、高等院校以及其他企业的研发部门和其他研发机构的力量。因此，科技创新的适用范围更大，集合社会力量和产生的创新效果也更为广泛。综合学者们的观点，本书将科技创新定义为：将科技创新理论和技术运用到社会生产实践当中，促进企业生产能力和生产效率的提升，提高产品的竞争力，使企业获得高额的社会经济效益并增强企业实力的过程。

2.1.1.3 科技创新平台

科技创新平台从性质上看是政府向社会投入的一种服务类产品,是为了满足区域科技创新活动需求,面向产业内众多创新主体特别是中小企业,以支撑企业科技创新和产业发展为目标,以解决产业科技创新活动中的技术瓶颈和满足企业科技创新的共性需求为出发点,通过有效整合大学、科研院所和高科技企业等单位优势资源,形成具有较高科技水准、能够为区域提供完善的科技创新服务的开放稳定的组织系统。① 科技创新平台是产学研合作的一种新型的组织形式,是由高校、科研院所、企业等创新主体组成的创新联盟,它是区域内一系列资源要素(包括信息、人才、技术、知识、产业和政策等要素)的融合与发展。目前,学术界对科技创新平台尚没有统一的定义,综合国内外学者对科技创新平台内涵的研究和界定,本书将科技创新平台定义为:在一定区域范围内,由政府牵头组织,以提高区域创新能力、转化创新成果、促进产业升级为目的,聚集和整合开展科技创新活动所必需的创新资源,使高校、科研院所和企业等创新主体之间优势互补,形成集科技研发、成果转化、创新咨询服务、人才培训等服务为一体的平台。

2.1.1.4 区域科技创新服务平台

学术界对"区域科技创新能力"一词中"区域"的理解,因研究学科背景的差异,对"区域"的界定亦不同,目前尚未达成统一的共识。就其属性而言,区域应该是一个空间概念。作为一个经济学概念而言,其应该是一个在经济上相对较为完整的经济单元。作为经济学概念上的区域,学术界的定义并没有统一,经济学角度最早对区域进行界定的是全俄经济区划委员会提出的:"所谓区域应当是国家的一个经济上尽可能完整的特殊地区。该地区的自然特点决定了其社会文化和居民以及生产活动的能力的总体是整个国民经济中的重要组成部分。"② 但从一般意义上来讲,"区域"泛指具有同质性或内聚性的空间单元,主要以地理和经济特征为基础,往往没有准确的范围及边界,可以指多个国家乃至全球,也可以指单个国家或某个具体地区,根据不同的研究有不

---

① 施利毅,陈秋玲. 科技创新平台[M]. 北京:经济管理出版社,2017:1,73-74.
② 全俄经济区划委员会. 苏联经济区划问题[M]. 北京:商务印书馆,1961:82.

同的划分标准。① 本书所涉及的"区域"是建立在行政区域基础之上的，探讨的是省级行政区的科技创新平台发展问题。

"服务"的内涵。当今社会，服务的含义越来越广泛。"现代营销学之父"菲利普·科特勒（Philip Kotler）将服务定义为"一方提供给另一方的不可感知且不导致任何所有权转移的活动或利益"。服务具有无形性特征，要求在供方和顾客接触面上完成一项活动，能够为顾客带来某种利益或满足感。但是，区域科技创新服务平台作为科技基础条件平台的重要组成部分，其服务具有公共性、基础性和战略性等特征。因此，区域科技创新的服务模式，是指在新一代信息技术、创新环境、体制机制等多重因素的共同作用下，针对政府管理决策需求以及战略性新兴企业和其他科技型中小企业、高校、科研院所、集群或联盟等用户在研发或产业化等创新环节和创业孵化过程中的需求，通过整合区域内资源，汇集跨区域平台联合以及与国家大平台对接等方式，主动、适时、准确地提供解决问题的全员化、全过程、全方位的整体方案。

"平台"的概念最早是 1997 年由美国西北大学教授迈耶尔（Meyer）提出的，他指出，平台是由一组亚系统和界面组成的，可以有效开发和生产出相关产品的共有结构，实际上可以看作是一系列"软""硬"要素的集合体。之后，学者们先后提出了产品平台和技术平台的概念。美国竞争力委员会 1999 年首次提出了"创新平台"（platform for innovation）的概念，认为创新平台是指创新基础设施及创新过程中不可或缺的要素，如资本条件、法律法规、市场准入、知识产权保护等。欧洲创新环境研究小组认为，自主技术创新平台包括支柱产业平台、核心技术平台、职能组织平台等。②

20 世纪末，"区域创新"一词逐渐被提及，区域创新系统的效用发挥主要借助于创新活力和政体区域，其中创新活力是主体力量，而政体区域具备支撑功能（Doloreux et al., 2009）。由企业、政府、科研院所及相关组织所构成的区域科技创新网络主体，通过遵循科学规律，努力发挥主体能动作用，基于制

---

① 李佳. 区域科技创新服务平台生态化演进机理及服务模式研究 [D]. 哈尔滨：哈尔滨理工大学, 2018.

② Safidadehmh, Fieldgm, Ritzmanl P. Sourcing practices and boundaries of firm in the financial services industry [J]. Management Journal, 2008 (29): 79–91.

度规范达成协同合作,最终实现区域科技创新,促进社会经济发展与人民生活幸福。1996年,"区域科技创新能力"一词在中国研究视野首次出现(董丽娅,2001)。区域科技创新能力是指某一地区运用区域内特有的资源条件促进本地经济发展的能力,是区域内各种资源要素相互作用的统一体(卢山,2007),是将知识转化为新产品、新工艺、新服务的能力(姜绍华,2008)。

综合以上观点,本书的区域科技创新服务平台是指面向区域科技创新需求,吸纳、集聚和整合区域内各种创新资源,为区域科技创新活动提供公共服务和技术支撑,有效联结各个创新参与主体,实现创新要素的交流和共享、创新成果的保护和转化,以提高区域科技创新能力和效率为目的而组建的一组共有性结构和制度安排。

2.1.2 区域科技创新服务平台的分类

对区域科技创新服务平台的研究起步较晚,现有的很多文献只是用了"科技创新平台"的说法,对科技创新平台的类别还没有形成统一的认识。现有文献主要是从平台级别、所属领域和依托主体三个角度对科技创新平台进行分类,如表2-1所示。

表2-1　　　　　　　区域科技创新平台的分类

划分依据	区域科技创新平台的类别
级别	国家级科技创新平台、省级科技创新平台、地市级科技创新平台
服务领域	行业科技创新平台、综合型科技创新平台
依托主体	政府公共服务平台、高校科技创新平台、科研院所科技创新平台、企业创新平台

资料来源:谭文华,郑庆昌.论国家和地方科技条件建设的分工与互补关系[J].科学学与科学技术管理,2007(4):37-39.

(1)按级别划分,包括国家科技基础条件平台和地方科技创新平台。国家科技基础条件平台具有公益性和基础性的特点,是国家创新体系的重要组成部分,是以合理配置科技资源、提高科技资源利用效率、为国家科技发展提供有力支撑为目的而组建的,包括大型科技基础设施与基地、自然资源共享平台、科技文献共享平台、科学数据共享平台、成果转化服务平台以及网络科技环境平台等。地方科技创新平台与国家科技基础条件平台相比，更侧重于微观与应用性较强的地方科技条件建设，根据地方科技和经济发展的特点，为地方主导产业、支柱产业、战略性高新技术产业的科技创新创业服务，特别是为技术转移、科技成果转化和产业化提供科技条件支撑，即服务于地方科技和经济的发展。

（2）按服务领域划分，包括行业科技创新平台和综合型科技创新平台。行业科技创新平台是指为多个领域的科技创新活动提供服务支撑的各类平台；综合型科技创新平台一般是由行业协会发起的，通过整合集成某个领域内全部的科技创新资源，为整个行业的科技创新活动提供服务支撑的平台。

（3）按依托主体划分，包括政府公共服务平台、高校科技创新平台、科研院所科技创新平台和企业科技创新平台。政府公共服务平台是以"统一规划、统一领导、改进服务、提高效率"为原则，以"推进政府职能转变、优化创新环境"为目的而组建的功能全面、配置灵活、数据共享、能够为创新活动提供全方位服务的基础性平台，其发展方向是实现资源的整合与共享，集中管理与监控，提升创新服务的整体效能。高校科技创新平台和科研院所科技创新平台是为了营造良好的教学和科研环境，利用高校智力密集的优势而建成的开放式窗口，为高新技术产品开发、应用、转化等提供服务，主要由高校或科研院所发起并主导，也可以由政府或企业联合组建。企业科技创新平台一般由有实力的企业发起（或联合高校、科研院所等组织）组建的企业研发平台，在为企业创新活动提供服务、解决生产部门各类技术问题的同时，也可以使高校或科研院所的研究更具针对性。

综上所述，尽管可以从不同视角对科技创新平台进行分类，但核心内容基本是相同的，即都是为区域科技创新活动提供服务和支撑，以提升区域创新能力为发展目标。

2.1.3　区域科技创新服务平台的特征

一般来说，区域科技创新服务平台的基本特性可以分为五种：一是资源集聚性。科技创新平台整合、集聚大量科技资源，为科技创新活动提供基础支撑和保障。二是功能协同性。科技创新平台各相关主体在资源整合、开放共享、研究开发、服务创新等方面优势互补、全面合作，具有很强的协同性。三是运行开放性。科技创新平台对外开放共享,提供资源、技术和信息等服务。四是机制创新性。科技创新平台在资源整合、管理模式、运行机制、开放服务等方面都结合实际,创新体制机制,各具鲜明特色。五是载体多样性。科技创新平台有复杂多样的名称,平台、基地、实验室、网、台站都可以是其具体的表现形式。[①]

由于创新活动是一个复杂的过程,本书引入复杂系统理论,对区域科技创新服务平台的特征进行剖析。区域科技创新服务平台作为支撑区域创新活动的重要载体和核心力量,是一个具有正负反馈结构和非线性作用相互耦合交织在一起的复杂系统,具有多层面、非线性、自组织、混沌和分形等特征。从复杂科学的角度阐释区域科技创新平台的特征,有助于深入分析区域科技创新平台网络的结构和功能,指导平台网络化发展的实践。[②]

(1) 多层面特征。任何一个复杂系统都是由很多子系统和要素组成的,构成要素的多样性和差异性赋予了系统多层面的特征。区域科技创新服务平台作为一个复杂的大系统,也是由不同功能的子系统构成的,这些子系统之间具有很强的关联性,它们共同决定着平台的整体功能与系统结构。区域科技创新服务平台系统内组织机构的多样性和复杂性决定了其在结构层次上呈现出明显的多层面特征。区域科技创新服务平台超越了传统的组织边界,多层面特征使其发展涉及技术、知识、组织、战略等多个层面的集成。一个创新活动可以跨越多个层面,也可以有多种不同的组合,从而达到不同的创新效果。这一特征就要求在平台发展过程中要合理选择并集成组织要素,优化资源配置模式,使平台各组成部分相互融通、形成一个有机的整体。

(2) 非线性特征。一个复杂系统通常各组成部分之间或不同层次的组成部分之间以一种或多种方式发生着复杂的非线性作用,不断产生新物质。随着非线性作用的加剧,产生的新物质逐渐增多,信息的含量逐渐增大,并不断累积,系统得以发展演化。区域科技创新服务平台的组成要素之间也存在着复杂的依赖与制约关系,这些要素及其参数之间的强耦合作用使得平台系统内存在

---

① 陈志辉. 科技创新平台内涵特征与发展思考 [J]. 科技管理研究, 2013, 33 (17): 34 – 37.
② 李文博, 郑文哲. 论企业集成创新系统的复杂性: 混沌与分形 [J]. 科学学研究, 2006 (8): 618 – 622.

着很多非线性作用,各组成要素之间并不是简单的因果关系或线性依赖关系,而是一个多目标、多层次、多变量的非线性关系,创新正是各类平台及其所拥有的创新要素之间相互作用的结果。另外,区域科技创新服务平台与区域创新环境之间也存在着十分复杂的依赖与制约关系。正是这些要素及其参数之间的强耦合作用,使得区域科技创新服务平台形成了某种特有的结构,一些要素及其参数则在不断发展变化中逐步形成稳定的组织模式和制约机制,从而限制或激发区域科技创新服务平台不断发展。

(3) 自组织特征。自组织是指无须外界的指令而能自行组织、创生、演化,自主地从无序走向有序,从而形成具有特定结构的系统。① 区域创新活动并不遵循严格的随机过程,确切地说,区域创新活动具有明确的方向,即向着创新主体所认为的具有研发可能性和潜在利润的方向推进。从这一角度出发,区域科技创新服务平台的发展也不是一个随机的过程,也具有一定的方向性,是一个有组织的动态过程,每一个发展阶段都应包含规划、决策、实施、评价、反馈等合理的管理手段及方法。简言之,区域科技创新服务平台的发展是一种自组织的过程,科技创新平台的运行具有自组织行为所具有的动态性、整体性、协存性、共变性等特征。

(4) 混沌特征。混沌特征要求我们不能忽视初始行为导致的整个系统行为巨大的、不可预知的复杂变化,区域科技创新服务平台内部也会产生混沌这一极其复杂的行为。由于平台的诸多复杂性,容易导致在管理实践中,许多问题没有被充分考虑,进而引起平台的许多节点、环节、层面不是按管理者所设置的状态存在,导致平台在创新效率和效果方面不尽如人意。另外,由于创新中不确定因素较多,一旦某一条件不能满足就会造成创新的失败,因此在区域科技创新服务平台的发展过程中,还应充分注意"蝴蝶效应"的存在,从系统整体出发解决问题,不放过任何细节。"蝴蝶效应"的存在还表现为少数拥有核心资源的组织在区域科技创新服务平台的发展中起着决定性作用,相当大程度上决定着平台创新效率的高低。"混沌特征"要求在平台发展中应特别关注组织间的互动协作、共有知识的形成、知识的共享与外溢等问题。

---

① Takashi, Taniguchi. Self-consistent field theory and density functional theory for self-organization in polymeric systems [J]. Journal of the Physical Society of Japan, 2009 (78): 78 – 89.

（5）分形特征。区域科技创新服务平台的分形特征主要体现在三个方面：一是结构分形。区域科技创新服务平台是由研发平台、产业化平台以及公共服务平台三大子系统构成的，每个子系统又由很多子子系统组成，并且它们都有着相对独立的结构和功能。可以说，平台各层面间具有很好的结构分形和自相似性。二是过程分形。由于区域科技创新服务平台的运行过程也表现出层次的相似性，多级组织的互动体现了组织之间以信息交流、知识外溢为核心的竞合关系。三是功能分形。任何系统都应有其存在的价值，并存在于一定的环境中，与环境产生物质、能量和信息的交流。区域科技创新服务平台作为一个集成创新系统，其整体功能的发挥受环境的影响很大，对不同环境类（社会环境、经济环境、科技环境等）及不同环境域（外部环境、内部环境等）的适应性要求很高。伴随着结构分形、过程分形、功能分形，区域科技创新服务平台发展的结果就是平台的创新效率得以提高，区域自主创新能力得以提升。

上述分析表明，区域科技创新服务平台是一个涉及多个层面、多种要素、多种结构的复杂创新系统，并且是一个动态演进系统，混沌特征与分形特征是其复杂性的重要反映。

2.1.4 区域科技创新服务平台的主体

区域科技创新服务平台所依托的主体有政府、高校、科研院所、企业和中介机构等，各行为主体在平台发展中的作用和地位各不相同。①

2.1.4.1 政府

政府是区域科技创新服务平台的体系设计者、引导者和协调者，政府的主导作用体现在科学规划、环境营造、组织协调和监督管理等方面。第一，科学规划。政府要从各类平台协调发展的战略高度出发，围绕区域经济和科技发展需求，兼顾各方利益，制定科学有效的区域科技创新服务平台发展规划和发展战略。第二，营造环境。政府要通过建立合理的投融资体系、完善的知识产权保护制度、健全的法律法规体系等方式，营造适合区域科技创新服务平台发展的环境和文化氛围。第三，调动各方力量。政府应通过政策引导和经费支持等

---

① 孙庆．区域科技创新平台网络化发展模式与路径研究［D］．哈尔滨：哈尔滨理工大学，2010．

手段，鼓励高校、科研院所、企业和中介机构等通过产学研合作、组建联盟等方式积极参与科技创新服务平台的建设。第四，鼓励共享。政府应通过制度安排和补助支持等方式，加强创新资源的开放和共享，提高大型仪器设备、科技信息、科学文献和科技数据的共享程度。第五，监督和管理。政府对区域科技创新服务平台创新发展过程的管理和监督作用主要体现在建立健全科技创新平台评估考核制度，从服务水平、创新能力、运行效率等方面对其进行监督和控制，从而保证平台的良性运行和健康发展。

2.1.4.2 高校和科研院所

高校和科研院所是国家基础研究的主力军和应用研究的生力军，具有人才集聚、基础设施完备、科研资源丰富、学科齐全和信息畅通等优势，因此大部分领先技术及创新成果都是由高校与科研机构研制。高校（尤其是研究型大学）和科研院所作为区域科技创新服务平台的重要主体，在平台发展中起基础性作用，主要体现在：以学科建设规划为指导，围绕区域战略高技术研究、重大基础性研究及重大科技计划，整合各类科研资源，重点建设中试基地、重点实验室、工程研究中心等研发类平台以及大学科技园等产业化平台，为用户提供关键及配套技术研发、专家咨询、人才培养、项目申请、知识传播、仪器设备共享等服务支持，以充分发挥高校及科研院所服务区域科技创新活动的基础性作用。

2.1.4.3 企业

企业是科技创新的主体，也是创新型国家、创新型省份建设的重要力量，在区域科技创新服务平台的建设和发展中也需发挥其应有作用。在企业种群中，研发型企业及具有独立研发中心的大型科技企业大多为技术创新主体，其性质及资源供给类型与高校、科研种群相似，但其对市场需求及相关产业的技术研发方向具有较高的了解度，其研发的新技术往往更能贴合市场的实际需求及产业的发展趋势。而该类具有自主研发能力的科技企业，依托区域科技创新服务平台，主要采用技术转移及推广的方式为平台其他用户提供新研制的科技成果、先进技术等科技资源。除此之外，其他的科技企业尤其是科技型中小企业则是平台服务的主要需求方，企业作为科技创新的一种重要主体，在其开展科技创新活动时需要投入大量的人力、物力与财力，而企业自身发展水平及科技创新能力有限,因此区域科技创新服务平台需为其新产品概念形成到产业化过程提供阶段性科技服务,以满足企业多样化科技创新需求,提升企业科技创新效率,有效支持企业科技创新发展。

2.1.4.4 中介组织

这里的中介组织是指为区域科技创新服务平台服务需求方提供科技评估、创新决策、管理咨询、专利申请、项目申报、行业分析、产品设计、法律咨询、科技孵化等公证类、信息类以及代理类服务的创新辅助类主体,主要包括检测认证机构、知识产权服务机构、科技咨询机构、人才培训机构以及创业服务机构等。其作用主要体现在三个方面:一是通过吸引风险投资等方式,为区域科技创新服务平台的建设提供资金保障,如各类金融机构等也是中介机构的一部分;二是提供科技成果交易场所,公开各类平台的创新成果,促进科技成果的转化,如技术交易中心等;三是提供技术、人才、资源等供需信息,促进各类平台之间信息资源的流动和共享。

2.1.4.5 孵化器

孵化器通过为新创办的科技型中小企业提供物理空间和基础设施,提供一系列的服务支持,进而降低创业者的创业风险和创业成本,提高创业成功率,促进科技成果转化,培养成功的企业和企业家。作为资源的整合器,孵化器除了本身能够提供一个可通用的基础技术平台外,更多的是作为一个资源的整合者。

2.1.4.6 科技金融机构

面对中小型科技企业的创新资金需求,国家在建立健全财政性科技投入机制的基础上,还要充分发挥资本市场的作用来支持科技型中小企业的创新创业,鼓励银行、证券、保险机构加大合作力度,建立金融支持科技创新发展的长效机制,鼓励银行与创业投资、风险投资、产业投资等机构的合作,创新金融服务,引导资本向创新聚集。

2.2 区域科技创新服务平台的结构与功能

2.2.1 科技创新服务平台的系统结构

在该结构中,研发平台是创新活动的基础和源头,由重点实验室、中试基地、工程研究中心组成；产业化平台是成果转化和产业化的关键，由企业孵化器、科技园区、产业基地组成；公共服务平台为创新提供服务支持，由生产力促进中心、行业检测服务机构和技术转移交易机构组成。平台构架的主要联结机制是成员间的创新合作关系，这三类平台在完成自身创新任务的同时，能够有机结合，彼此促进，支撑着整个区域科技创新活动。

2.2.1.1 研发平台

研发平台是各创新主体充分有效地利用各种创新资源、实现基础性创新的重要场所。重点实验室、工程技术中心和中试基地作为其主要组成部分，有国家级、省级、地市级等多个级别，有高校、企业、政府等多个组建主体，各组织在区域科技创新活动中发挥着不同的作用。（1）重点实验室一般是依托高校、科研院所和其他具有原始创新能力的机构而组建的科研实体，偏向于科学研究，注重科技创新，是高水平基础性研究和应用性研究的重要基地，也是聚集和培养优秀科学家开展学术交流的重要场所。其主要作用是：根据国家科技发展方针，围绕国家或省市科技经济发展的战略目标，以获取原始创新成果和自主知识产权为目的，针对国民经济、社会发展、产业发展等重大科技问题，开展创新性研究。（2）工程研究中心是指面向科技成果向生产力转化的中间环节，依托科技实力雄厚的高校、科研院所或科技企业而组建的，促进创新与产业化相结合的中间性组织。其主要作用是：培养一批一流的工程技术人才；建设一批一流的工程化实验条件；推动集成配套的工程化成果向相关行业辐射、转移与扩散，促进新兴产业的崛起和传统产业的升级改造；实现创新成果的规模化生产。（3）中试基地是科技成果完成技术鉴定之后，经过物化、熟化过程转化为生产力所必需的场所。中试生产这一技术转化机制是科技成果转化的关键环节，因此中试基地是实现从科研到开发再到中试直至规模化生产一条龙的重要部门。

2.2.1.2 产业化平台

产业化平台是技术创新的转化平台，通过技术扩散与聚集效应的共同作用，使研发平台的创新成果转化为现实生产力。产业化平台主要由企业孵化器、大学科技园、产业化基地构成，在区域科技创新平台网络中居于主体地位，其主要作用是将创新技术和成果直接转化为生产力。（1）企业孵化器是一种社会经济组织。其主要作用是：为企业提供研发、生产、经营场地，通信、网络和办公等基础设施，政策、融资、培训、法律咨询和市场推广等服务，提高企业的成活率和成功率；为高新技术成果转化和科技企业创业提供良好的孵化环境和条件，培育一批科技实业家和专门人才；为科技企业发展提供必需的市场化和国际化服务，降低企业的创新风险和创新成本。(2) 科技园区是指在政府的支持与推动下，为促进高校、科研院所和企业之间的合作而发展的一个高技术区域，包括大学科技园、开发区、特色产业园区等。科技园区具有科技创新所需要的大量的人才、知识、技术和信息等资源，是科技创新资源的聚集地。科技园区借助市场化机制，实行企业化运作，通过扩散效应带动企业进行科技创新，进而带动其他相关组织的技术裂变。(3) 特色产业基地是指地理空间集中、产业特色鲜明、核心竞争力和创新能力较强的产业链或者产业群。通过培育和扶持这些特色产业区域，能够极大地推动区域科技和经济的快速发展。

2.2.1.3 公共服务平台

公共服务平台是区域科技创新服务平台的基础和保障，是区域内各类科技型服务组织及其资源的集合，为高校、科研院所、企业等区域创新体提供可共享的各种信息、人才、资金、知识等资源，使之高效地开展创新活动。公共服务平台主要包括技术转移交易机构、生产力促进中心、行业检测服务机构。(1) 生产力促进中心是中小企业与政府、教育、金融等机构之间的桥梁，其主要功能是为中小企业提供技术咨询、技术信息、技术转让和人才培训等服务，以提高企业的技术创新能力和市场竞争力、促进经济与科技紧密结合为发展目的。(2) 技术转移交易机构是加速科技成果从供给方向需求方有序流动的重要部门，提供技术开发、技术转让、技术培训和技术咨询等服务，实现技术供需双方的交易与联合，包括交易型机构和转移代理型机构两类。交易型技术转移交易机构是指通过组织技术成果交易会、博览会、协作洽谈会、技术难题招标会、技术商店或商场等形式，为技术买卖双方提供信息为主的中介机构。转移代理型则是指以提供技术咨询、技术评估作价、知识产权服务等技术经纪服务为主的中介服务机构，如院所技术转移中心、专业性的协会组织、技术开发公司等。(3) 行业检测服务机构是指依据行业科技创新活动的需要，集成行业内分散且难以利用的科技资源，为领域内各项专业技术协作提供服务，为行业创新活动创造专业化的服务环境。

总之，研发平台、产业化平台和公共服务平台这三大子平台是按照循环往复、螺旋式上升的规律运行的。[①] 创新资源进入研发平台后，能够通过资源的有效整合，使其流向能产生最大收益的行为主体，产生创新成果；当创新成果进入产业化平台后，能够通过该平台实现技术产品化和创新成果的产业化。同时，通过公共服务平台的协调，研发平台和产业化平台之间互动协作，在政府与中介机构的作用下，能够推动区域科技创新服务平台网络的形成和发展，为区域科技创新活动提供支撑与保障。区域科技创新服务平台的发展需要在各种机制的激发和调节下，实现各类平台之间的互动与合作，发挥"1+1>2"的功效，使区域科技创新活动有效且持续地开展。在这个过程中，作为区域科技创新服务平台构成主体的各组织机构的创新能力也可以得到快速提升，大大增强其创新意识和联盟结网意识，从而形成良好的区域科技创新环境。同时，新的创新资源的集聚、物质条件的改善以及创新文化环境的优化反过来又促进了平台各组成部分向着健康的方向发展。如此循环往复，新的创新过程持续开展，使得平台不断完善发展，从而发挥其在提升区域创新能力方面的重要作用。

2.2.2 科技创新服务平台的功能分析

区域科技创新服务平台本质上是一种集成创新的手段，平台三大组成部分之间形成了一个有机网络，这一网络结构决定了其整体功能，主要包括以下方面。

(1) 综合集成功能。区域科技创新服务平台具有较强的凝聚力，各类平台所拥有的创新要素通过传播、交流、衍变和利用，发挥集成创新的综合效用，进而可以缓和甚至避免资源拥有者之间的利益冲突。这些作用所体现出来的就是区域科技创新服务平台的综合集成功能。区域科技创新服务平台的综合集成功能使得人才流、资金流、信息流等的流动更加顺畅，使得区域科技创新条件和环境更为优越。

(2) 优势互补功能。区域科技创新服务平台集成各方优势，在客观上为各组织机构创造了一个取长补短、相互沟通、相互学习的环境。各类平台通过

---

① Lan P. Three new features of innovation brought about by information and communication technology information [J]. Information Technology and Management, 2004 (3): 3-17.

频繁的交流与互动，一方面增进了解，有益于达成共识，另一方面也创造了更多的合作机会，增加了优势互补关系形成的可能性，降低了集成创新过程中的交易成本和管理成本。

（3）技术互补功能。区域科技创新服务平台的技术互补功能体现在子平台之间技术合作的过程中。在这一功能的作用下，区域科技创新服务平台会产生"正溢出"效应，即一个子平台的技术创新效率会随着其他子平台技术创新效率的提升而提升。创新是在技术和市场协调过程中发展起来的，可以说，区域科技创新服务平台节点间的合作互动过程也是一个通过技术互补提升创新效率的过程。

（4）激励约束功能。区域科技创新服务平台集成了创新环节中的各种组织和机构，使各方能够通过合作交流，减少信息传输的环节。合作越多，关系越紧密，创新成本就越低。在这个过程中，平台网络内部会形成一种创新文化，一些有形的制度规则、共同的价值观等，从而激励或约束各组织机构的创新行为，提升创新效率，降低创新风险。同时，激励约束功能也可以进一步促进子平台之间形成稳定的技术互补关系。

（5）创新放大功能。创新放大功能即区域科技创新服务平台可以产生强大的乘数效用，加倍放大各子平台原有的创新功效。区域科技创新服务平台所具有的优势互补功能和技术互补功能决定了平台网络也具有创新放大功能，即在这两大互补功能的作用下，原本相互独立的各子平台相互联结，通过协调整合转变为强大的创新动力，从而使创新效果加倍。

综上所述，通过将新的创新要素或这些要素的新组合引入区域科技创新服务平台，可以创造一种更为有效的基于网络的资源配置方式，实现新的系统功能，使区域内各类科技资源的利用更为有效。区域科技创新服务平台的这些功能既相对独立又相互联系，形成了一个完整的功能体系。

2.3 区域科技创新服务平台优化机理

2.3.1 平台优化的内涵

区域科技创新服务平台的优化不仅是实现区域科技资源优化配置、促进区域科技创新活动开展以及提升区域科技创新能力的重要手段，还对推动区域战略性新兴产业发展具有重要作用。协同演化观认为，组织变化是内外部因素综合作用的结果，外部因素体现为资源缺口，能够传导到组织内部；内部资源配置效应体现为对环境的影响，是通过组织战略传导的。① 基于这一观点，区域科技创新服务平台的优化是在内外部因素的共同作用下，不同功能、相互独立且分散的子平台之间通过知识流动、资源共享、互动合作等方式，对创新流程进行重组或重塑，逐步优化区域科技创新服务平台的动态过程。这一过程是"渐进式"的，有着一定的"路径依赖"，既存在内部网因素，也存在着外部因素。

2.3.2 平台优化的驱动力

在国家和区域各级政府的高度重视下，为保障区域科技创新服务平台的平稳运行与可持续发展，从外部环境和内部自身两个方面分析区域科技创新服务平台的发展需求具有重大现实意义与长远战略价值。②

2.3.2.1 外部环境驱动

区域科技创新服务平台的发展不仅需要国家及各省市政府在政策上给予引导与扶持，还需日益与区域经济、产业以及创新氛围协同联动发展。因此，区域科技创新服务平台发展的外部环境驱动力主要考虑政策扶持、经济协同、产业支撑与创新环境四个方面。

（1）政策扶持。区域科技创新服务平台主要包含区域内共享平台和各重点产业领域技术平台，不仅具有公益性色彩，还呈现市场化特性，其中，共享平台的运作主要由政府主导，技术平台的建设则通常由产学研机构承担。因此，政府作为一个非常重要的参与主体，其颁布及实施的各项创新相关政策都将直接影响平台的建设和发展进程。区域科技创新服务平台未来的建设格局、发展定位与方向也都需要国家层面政策的统一指引，再结合区域各级政府发展

---

① Manner M，Gowdy J. The evolution of social and moral behavior：Evolutionary insights for public policy [J]. Ecological Economics，2010，69（4）：753-761.
② 李佳. 区域科技创新服务平台生态化演进机理及服务模式研究 [D]. 哈尔滨：哈尔滨理工大学，2018.

规划进一步实行统筹协调，为区域科技创新服务平台运行与发展提供具有针对性的政策指导，以从政策制度层面扶持与保障平台的健康发展与良好运行。

（2）经济协同。区域科技创新服务平台所处区域的经济发展水平、经济结构、经济体制、经济发展战略等经济环境，对平台发展同样具有至关重要的影响作用。区域科技创新服务平台的发展需顺应周围经济环境的转变，并与区域经济协同发展，以从经济视角探索平台持续发展方向与自身发展优势。

（3）产业支撑。区域科技创新服务平台的发展以区域战略性新兴产业创新为支撑，须充分考虑和衡量区域内战略性新兴产业与优势产业的发展格局，结合各产业领域发展特色，掌握各产业领域开展科技创新的实际需求及其科技发展战略要求等，因地制宜地为用户提供所需科技资源开放共享及技术服务支持，以从根本上实现平台有效服务支撑区域科技创新的建设宗旨以及平台与区域战略性新兴产业发展间的长久互动。

（4）创新环境。良好开放的创新环境有利于区域科技创新服务平台的可持续发展与运行，特别是在国家提倡全民创新创业的黄金时代，区域科技创新服务平台的发展更加需要营造优质、适宜的创新创业氛围。区域创新环境的不断优化能有效激励区域创新主体开展科技创新的积极性，进而一定程度上加快平台发展步伐。

2.3.2.2 内部自身驱动

区域科技创新服务平台的优化与发展需要在有效整合区域多样科技资源、服务区域科技创新活动的同时，通过平台自身的供需平衡、持续创新以及跨区域联盟合作，实现科技创新需求与科技资源间的有效匹配，以及创新驱动与联盟网络对平台全面协调可持续发展的支撑作用。

（1）供需平衡。随着区域科技创新服务平台的快速发展，其内部联盟平台及用户数量与集聚科技资源种类将日渐繁多，如何有效平衡平台间的服务供给以及科技资源与科技创新需求间的匹配关系，成为保障平台可持续发展的关键。因此，区域科技创新服务平台在不断吸纳共享平台、技术平台及各平台加盟的创新主体，汇集整合多维度、多种类科技资源的同时，需要基于平台联盟，对不同创新阶段不同创新主体的共性需求与个性化需求进行分类识别与分析，并针对用户不同需求逐一平衡匹配平台科技资源，以此在实现平台服务平衡供给的同时，有效协调供需间的平衡，实现资源供需间的合理与精准匹配。

（2）持续创新。区域科技创新服务平台作为一种新兴的综合平台服务网络，须借鉴国外平台的建设经验，并以国家科技基础条件平台的运行模式及总体规划为指引。为保证区域科技创新服务平台的健康、持续与稳定发展，需要其持续处于主动学习与探索状态，不断拓展与丰富集成资源的类别与数量，不断引入新的加盟平台与用户，积极创新与优化科技资源获取、整合方式与平台服务模式，通过持续创新为区域科技创新创业活动提供更好的网络化、集成化科技服务支持，并为区域科技创新服务平台的可持续发展不断注入新的活力。

（3）联盟合作。面向日益复杂与个性化的科技创新需求以及战略性新兴产业发展的实际需要，区域科技创新服务平台内共享平台和技术平台需基于自身服务能力，为更好地支撑区域科技创新发展，积极依托联盟合作形式的开展以及联盟合作关系的不断深化，伴随新平台以及新创新主体的不断加入，逐步扩大区域科技创新服务平台规模以及延伸平台服务范围，由此可持续性地推动平台长久稳定发展，以及实现对区域科技创新发展的持续支持。

从区域科技创新服务平台发展的外部环境和内部自身两方面，分析区域科技创新服务平台的发展需求，可为区域科技创新服务平台的不断优化奠定基础。而区域科技创新服务平台的发展对政策扶持、经济协同、产业支撑、创新环境等外部环境的需求以及平台自身供需平衡、持续创新、联盟合作等内部的需求，也将指引着区域科技创新服务平台不断优化。

2.3.3　平台优化的发展规律

区域科技创新服务平台是一个多层面、多要素、多结构的复杂系统，其发展过程是一个创新网络组织形成和发展的过程。根据组织生命周期原理，区域科技创新服务平台优化的发展可划分为四个阶段：开创探索阶段、协同整合阶段、成熟阶段和衰退阶段。

（1）开创探索阶段。开创探索阶段是各类平台创建的阶段。在这个阶段，区域科技创新服务平台的节点数量很少、整体规模很小、结构不健全、服务水平较低，创新成本偏高，创新更多地依赖于单个子平台的资源及其意愿，平台发展很大程度上依赖于区域自身所具备的资源、环境、产业等优势，以及科技人才、科研经费和科技政策等因素的推动。研发与产业化平台之间联结极少，合作关系强度相对较弱，有限的联结主要是来自同事、朋友、地缘等社会的或是历史上已长期存在的关系。这种以强联结为主要特征的、高度稠密、内聚性的平台系统结构使得各节点组织对创新资源的获取被限制在一个较为狭窄的范围之内，资源重复性高，多样性低。① 另外，由于规模的限制，通过网络形成的资源互补、知识外部性、外部规模经济和交易费用节约等集成创新优势在这个阶段并不能得到有效实现。总之，这一阶段，各类平台仍处于分散状态，网络联结稀疏，结构和功能单一，仅在非自发非市场的行政区为区域科技创新活动提供所需的场所和资源。

（2）协同整合阶段。随着新平台的不断建立、原有平台规模的扩大和级别的提升，网络规模逐渐扩大，网络结构也趋于复杂，合作创新行为不断产生并加强，平台的资源协同整合效率不断提升，平台发展进入协同整合阶段。网络的成长性使得区域科技创新服务平台优化发展的特点之一就是出现集散节点，即信息量大且资源丰富的平台组织与其他平台组织建立大量的联结关系，而那些资源相对匮乏的平台组织联结数量则相对较少。由于每个节点在信息量和资源等方面的差异，使得对于其他节点来说，与一些资源丰富且信息量大的节点建立联结意味着能够大大提升创新效率。同时，随着各类平台数量的不断增加以及平台之间更多联结关系的建立，区域科技创新服务平台网络结构开始表现出较小平均最短距离和较大集聚程度的"小世界"网络结构特征。这一阶段的显著特征是知识、信息、资金、技术等创新资源能够在各类平台之间得以深入且迅速地传播和流转。因此，从联结方式上看，平台网络节点之间的联结关系由基于社会关系的联结向市场型网络联结关系转化，即平台组织之间的协同与整合方式是经济上的合作、买卖等形式，而不再像开创探索阶段过度依赖历史存在的各种社会关系。交易费用的降低、知识的外溢、创新资源的共享使得科技创新平台在自发性技术区域内形成了一种基于网络的集成创新的组织形式。

（3）成熟阶段。在协同整合阶段，虽然区域科技创新服务平台的网络节

---

① 刘克立，彭水军，陈富华．主导产业的评价选择模型及应用[J]．系统工程，2003（5）：62-68．

点增多、网络结构趋于合理，但是由于平台各类组织机构之间开展创新活动的自由度较大，使得网络联结关系还不够稳定。在集聚机制和扩散机制的共同作用下，平台的结构和功能将逐步完善，形成具有集成创新综合优势的区域科技创新服务平台网络，平台发展进入成熟阶段。在这个阶段，研发平台和产业化平台硬件建设的主要工作基本完成，各种类型的公共服务平台应运而生，平台组织之间接触和交往频繁，既互助合作又相互竞争，通过信息、技术、资源等方面的交流，使得创新资源在自发性技术区域内迅速传播。成熟阶段的最大特征就是各类平台之间合作关系稳定，网络边界形成，创新活动走向标准化。相对于前两个阶段而言，这一阶段的区域科技创新平台是一个非常稳定的强网络，也是通过长期探索而形成的一个最佳网络。当然，在实践中，由于外界的影响或各类平台创新能力、资源存量等的变化，也会使得某种联结断开，但这种调整是属于平台网络的自我调整，不会影响平台整体结构及功能。

（4）衰退阶段。随着平台组织之间不断结网，平台内部网络结构开始从松散转向紧密，从稀疏转向稠密，但是这种密集的网络结构也容易导致平台组织产生惰性思维，协同创新的主动性逐步减弱，从而使得网络结构和功能僵化，区域科技创新服务平台进入衰退阶段。主要有两个可能的原因：一是创新资源配置失调。区域科技创新服务平台是一种资源型网络，对创新资源的开发和利用是平台网络存在的根本，如果资源配置不合理，平台网络就很容易走向衰败。二是网络根植性风险。随着区域科技创新服务平台网络结构、关系、强度等渐趋稳定，由于建立和维系联结关系需要成本，而与本区域内平台组织之间建立联结关系一般比与区外的平台组织保持联系所付出的成本更小，各参与主体可能更多地专注于已建立的网络关系，这就容易导致平台陷入锁定状态，使网络开放性降低，信息流质量和数量下降，导致平台网络逐渐趋于封闭，失去活力，走向衰退。

总之，区域科技创新服务平台作为一种具有正反馈机制的复杂系统，其优化发展过程具有明显的阶段性。不同阶段，区域科技创新服务平台的规模、结构、功能以及子平台的行为也呈现明显的阶段性特征。区域科技创新服务平台想要保持持久的综合创新优势、获得长期繁荣持续的发展，必须以一定条件为起点。这些条件可以是良好的创新制度，也可以是好的区位条件等。基于目前我国各区域的现实条件，很长一段时间内仍然需要政府主导区域科技创新服务平台的优化发展进程。通过制定不同时期科技创新服务平台的发展规划，根据区域经济和科技发展的实际情况进行优化发展模式和发展路径的选择，适时调整政策，定期进行监督和控制，以不断提升平台创新能力，避免平台走向衰退。①

2.3.4 平台优化发展的设计原则

区域科技创新服务平台优化设计一方面体现在如何促进新一代信息技术的扩散、应用、融合，另一方面体现在如何促进产业融合，形成新的发展生态。采纳新一代信息技术提高区域平台的服务能力，不仅让用户能够及时、方便地找到所需的科技资源，还能够在更高水平上将科技资源与创新活动紧密联系起来。随着区域平台参与创新活动的程度不断加深，平台的服务模式也要随之不断创新。

区域科技创新服务平台优化设计的思路如下。

（1）区域科技创新服务平台优化设计的目的是适应产业融合发展需要。区域平台的发展隐含了促进产业融合的战略意图。目前，政府努力通过区域平台将科技资源进行全方位扩散，以期服务于整个产业链。平台仅仅通过单向的扩散服务很难有效促进产业融合，只有将科技资源共享服务精准地嵌入产业链中，才能促进产业融合发展，实现科技资源效用的最大化。

（2）区域科技创新服务平台优化设计是为了满足未来创新活动的需求。随着信息化进程的不断加深，在物联网、移动互联网、大数据、人工智能等技术的支撑下，未来的创新活动将更多地在虚拟工作环境中进行，大量分布式、在线协作的虚拟团队逐渐加入服务业务中，这要求科技资源共享服务越来越复杂，通过区域平台内部员工之间，员工与客户之间的可视化界面，通过高效率的服务流程提高响应速度、降低服务成本，通过对需求的分析，准确把握科技创新的方向，提供随需而变的共享服务。

---

① 孙庆. 区域科技创新平台网络化发展模式与路径研究［D］. 哈尔滨：哈尔滨理工大学，2010.

（3）区域科技创新服务平台优化设计是为了满足个性化、精准化服务的必然趋势。随着对科技资源需求的深度挖掘，客户不再是服务的被动接受者，而是主动参与到服务创新的过程中，这种融合的趋势需要区域平台在标准化服务与个性化之间进行平衡。一方面，区域平台通过物联网、移动互联、人工智能等技术实现了科技资源的动态配置，满足创新活动的个性化需求；另一方面，可以通过服务流程的自动化，让顾客自助获取服务，以降低服务成本、提高服务效率。这种区域平台与客户之间各种互动、交流方式突破了传统的时空局限，不仅使客户群倍增，还增强了顾客对区域平台的黏性。同时，这种频繁接触，有利于区域平台获得顾客行为的大数据，利用云计算超强的存储能力和计算能力，对服务交付过程接触中所积累的客户行为偏好大数据进行聚类、分析，挖掘客户的潜在需求，预测顾客的未来需求，提供超前的引领式服务模式，增强系统的感知能力。

基于以上对区域科技创新服务平台优化发展的设计目的，提出优化设计的四个原则。

（1）**系统性原则**。区域科技创新服务平台是一个复杂的大系统，为了使区域科技创新服务平台优化发展理论符合平台所属区域的特点和科技创新发展的需要，理论设计应按照系统工程开发的思路，全面考虑区域科技创新服务平台的网络结构、功能以及优化发展的目标，影响平台优化发展的外部经济、科技、社会和文化环境。

（2）**集成性原则**。区域科技创新服务平台优化发展模式和路径的研究需要运用创新理论、社会网络理论、现代系统理论的相关思想和方法，深入剖析区域科技创新服务平台优化发展过程，找出发展规律，因此这一理论的设计必须有效集成相关理论的研究成果、知识、实践经验等，通过筛选、提炼、加工、整合进行再创新，赋予区域科技创新服务平台优化发展理论以新的思想和内涵。

（3）**动态性原则**。区域科技创新服务平台优化发展是一个动态过程，不仅与平台各组织机构的行为有关，还与外部的区域环境有着密切的关系。因此，区域科技创新服务平台优化发展理论也应是一个不断发展和不断完善的过程，要与外部环境的发展变化相契合，并根据管理需要适时调整，从而不断丰富理论的思想与内涵。

（4）可操作性原则。区域科技创新服务平台优化发展理论应是一个符合区域科技与经济发展实际需要的理论、符合区域科技创新服务平台发展规律，其思想和方法在实践中应当具有一定的可操作性，以为区域科技创新服务平台的持续发展指明方向。

第3章

国内外区域科技创新服务平台发展状况与经验借鉴

3.1 国外区域科技创新服务平台发展状况与经验借鉴

3.1.1 国外区域科技创新平台发展状况

区域科技创新服务平台在推动科技创新方面发挥了积极的作用,美国、欧洲、日本、韩国等国家和地区都在大力发展科技创新平台。[①](#)

3.1.1.1 美国

1999年,美国竞争力委员会发表《走向全球:美国创新新形式》的研究报告,首先提出了创新平台(platform for innovation)的概念。美国的科技创新平台属于政府引导型,由企业、高校和科研机构、政府及其他机构组成。政府在其中的作用主要是引导,通过制定科技创新政策、法规、计划等引导科技创新发展方向,为科技创新营造良好环境。平台的经费一部分来源于政府设立的专项资金,另一部分来自企业投入。

产业/大学合作研究中心(Industry/University Cooperative Research Center,I/UCRC)成立于20世纪70年代,是美国为应对来自日本和欧洲国家激烈的产业竞争、提高国际创新竞争力而采取的措施。I/UCRC是由美国国家科学基

---

① 曾昆. 国外科技创新平台建设经验综述 [J]. 中国工业评论, 2017 (12): 68–72.

金会（NSF）发起建设，旨在密切产业、大学和政府之间的联系与合作，形成以大学为基地，企业参与、政府资助的一种新型产学研协同创新联盟。经过40多年的发展，I/UCRC已经形成了完善的科技创新体系，高校、NSF和企业之间的分工与配合非常明确。大学与企业之间形成黏性的互利共赢战略关系，高校为产业创新提供较强的智力支持，高校的创新项目能够与产业需求完美贴合，科技成果可以增加产业的核心竞争力，从而推动产业的发展。同时，产业反哺大学，为大学科研提供雄厚的科研资金。在过去40多年的时间里，I/UCRC项目共支持了来自160多所大学的140个中心，每年获得超过2000万美元的研究经费。I/UCRC是基于大学的工业联盟，同时又与企业以会员制的方式进行深度合作，会员企业提供资金支持，在帮助制订研究计划的同时共享研究结果。到目前为止，I/UCRC很好地完成了使命，同时也是自然科学基金所支持的时间最长的合作机制项目。目前，I/UCRC已发展成为美国最完善的产学研协同创新模式。

3.1.1.2 欧洲

2003年，欧盟委员会提出建设欧洲创新平台。平台通常选择若干对经济和社会发展有重大影响的领域，自下而上将企业、高校和科研机构、政府、相关机构组织在一起，共同制订欧洲的创新计划，确定重点领域、期限和行动计划，通过法律、经济、技术等领域创新带动创新计划的实施，提升欧洲整体创新能力，增强欧洲工业竞争力，促进欧洲经济增长。

欧洲创新平台的重要特点是自下而上建立。在欧盟委员会的指导和推动下，平台通常由大企业牵头，中小企业、高校和科研机构、金融机构等共同参与。平台的经费来源一部分是政府资助，一部分是参与方共同投资。欧洲创新平台是欧盟科研框架计划的重要支撑。英国、荷兰、德国等国是欧洲科技创新平台建设比较好的国家。

英国技术战略委员会于2005年11月推出了创新平台，并把它作为一项重要的科技计划，将各政府部门、企业和学术界的专家集聚在一起，推动强化社会创新理念，开拓新的市场机遇。技术战略委员会属于非政府部门的公共执行机构，是创新平台的发起者和重要资助者，由英国商业、企业和制度改革部领导，但又有一定的独立性，资金主要来自英国创新、大学与技能部，也接受来自其他政府部门的资助。英国创新平台有一套适合自己的运行机制，技术战略委员会在充分调研基础上，提出建立创新平台；平台成立后，技术战略委员会邀请知识转移网、相关部门共同商讨平台的发展战略，明确平台未来工作方向和重点。创新平台的项目通过竞争性投标方式申请，创新平台可以为项目提供公共资金。公共资金主要由技术战略委员会、政府相关部门、各研究理事会、地方机构及其他资助机构（如基金公司、研究所等）提供。创新平台研发项目开发的产品和服务可以享受政府优先采购的待遇。

荷兰政府自2003年9月起成立荷兰创新平台，初期运行时间为三年半，2007年启动二期平台。平台主要由政府、产业界、科研界的专家组成，平台主席由荷兰首相担任。在荷兰多层次的科技创新体系中，创新平台属于国家层面的协调和咨询机构，主要负责顶层设计，协助政府制定科技政策、提出科技支撑项目等。由于创新平台成员大多是产业界、科研界的专家，熟悉创新过程及问题，平台主席由首相担任，加之参与制定创新政策的相关政府部门（教育、文化和科学部以及经济事务部）参与，所以创新平台在决策效率和影响力上明显优于其他咨询机构。

德国科技创新平台是典型的政府引导、市场化运作模式。平台成员由企业、高校、科研机构、行业组织、银行等构成。创新平台采取公司化管理模式，实现运行机制市场化、服务对象社会化、绩效考核科学化。政府并不直接参与创新平台建设，但通过政府投入、法律政策等方式引导平台发展，以此整合创新资源，促进创新主体间的合作，加速科技成果的扩散和产业化。

比利时微电子研究中心（Inter-university Micro-electronic Centre，IMEC）是一个科技研发中心，创办于1984年，位于比利时王国弗拉芒区鲁汶。该研究中心主要依托比利时鲁汶大学微电子系，是由比利时地方政府出资创建的非营利组织，建设的主要目的是结合荷语区内的大学科研的力量，以无线物联网通信、芯片技术、集成电路和传感系统等为研究重心，以带动比利时电子产业的发展，主要提供研发、创新服务和创业投资等服务。经过几十年的发展，IMEC已经成为全球知名的独立公共研发平台和欧洲最大的微电子、信息及通信研发中心，是半导体业界的标杆性研发机构，拥有全球先进的芯片研发技术和工艺，与美国的INTER和IBM并称为全球微电子领域"3I"，与包括英特尔、三星、ISMC、高通、ARM等全球半导体产业链巨头有着广泛合作。据统计，IMEC拥有来自全球2200多名员工，其他国家和地区的企业客户占比高达75%左右，而且IMEC的产出经济效益非常高，投入产出比高达1:9。① IMEC的成功在当地引发产业聚集效应，衍生出多个产业聚集地，推动了比利时微电子产业的发展和壮大。

3.1.2 国外区域科技创新服务平台建设经验借鉴

（1）政府在平台建设中起重要作用。一方面，政府通过制定政策、法规等为平台建设创造良好的环境，引导平台发展；另一方面，政府为平台建设提供经费支持，保障平台的运行。例如，美国国家科学基金会有两个主要账户为创新平台提供技术装备支持：一个是大型科研设备及设施建设账户（MREFC），负责支持大型科研设备及设施项目；另一个是中小型设施项目的研究及相关活动账户（R&RA）。在欧盟的"地平线2020"战略中，欧盟将研发经费占GDP的比例提高到3%，用以保证平台的日常运行和信息、通信等基础设施建设。日本政府在科研资金投入中设立专项调节费，用以支持创新平台的基础设施建设。

（2）整合和协调管理创新资源。为避免重复投资、提高创新资源使用效率，发达国家和地区大力整合政府投资的创新资源，通过出台政策等方式加强创新资源管理。例如，美国、欧盟等纷纷出台正式的、具体的国家科研政策和计划，加强对创新资源的顶层引导和协调管理，其中比较有代表性的是美国、欧盟、英国。美国国家科学委员会每年都会向预算部门提出"制订跨部门计划和战略来确定跨部门的科研基础设施优先顺序"的建议；欧盟制定了《欧盟跨国使用研究基础设施计划》，明确规定欧盟内部要做到重大研发设施和仪器共享；英国科技办公室制定了《大型设施战略路线图》，明确规定了除非特殊情况，否则仪器设备和其他机构可以共享使用，严禁重复购买、浪费资源。

（3）建立成功的"产学研用"或"官产学研用"运行模式。"产学研用"或"官产学研用"合作模式是平台成功运行的关键。企业始终是创新平台建

---

① 资料来源于科技部网站。

设的主体，负责市场化运作创新平台，为平台提供配套资金，促进科技成果的资本化、市场化。高校、科研机构也是平台重要的参与方，与企业共同进行技术开发。政府是平台运作的重要指导者，为平台提供一定的资金支持，必要时与企业一起组成战略联盟，如美国政府与美国三大汽车制造商共同组成的"新一代汽车合作计划（PNGA）战略联盟"。日本和韩国政府在平台建设中的作用非常突出，形成了具有代表性的"官产学研用"模式，如日本政府出台了《产学共同研究政策》《人才交流政策》《知识产权与技术转移政策》《促进大学风险企业发展政策》等来促进产学研合作，还开发各种商业计划，创造商业机会，鼓励产学研三方加入到创新平台中。有"韩国硅谷"之称的大德科技园也是政府、企业、大学等官产学研成功合作的典范。

（4）建立科学合理的考核评估机制。创新平台的持续良好运行，需要一套科学合理的考核评估机制对平台进行监督管理。考核评估机制的核心是设计一套科学合理的评价指标体系和绩效评价制度，以此加强平台的内部自律和社会监督。例如，美国国家科学基金会制定了《设备监管指南》，将内部自律和社会监督的考核机制用制度规范化，内部自律可以通过自我评价实现，社会监督则通过对负责人考核、用户满意度调查等方式实现。除美国之外，其他国家也有完善的绩效考核机制，以此确保创新平台的有效运行，保证国家财政投入的合理性。

目前，我国建设了很多创新平台，但与国外发展较好的创新平台相比，我国创新平台建设还存在以下问题：创新平台的创新活动没有充分考虑市场需求，与应用存在一定程度脱节；创新资源共享程度偏低；创新平台参与主体的利益保障机制有待进一步完善。

3.2　国内发达地区区域科技创新服务平台发展状况与经验借鉴

3.2.1　国内发达地区区域科技创新服务平台发展状况

近年来，我国将推动科技创新中心建设作为深入推进创新驱动发展的重大战略部署。① 北京、上海以及粤港澳大湾区是近年来由国务院发文明确发展方案或规划的三大科技创新中心。其中，北京被定位为全国科技创新中心，承担"在基础研究、原始创新和国家急需的领域取得突破，全面服务国家重大战略实施"的重要任务。尤其在当前"加快形成以国内大循环为主体、国内国际双循环相互促进的新发展格局"背景下，大力推动我国科技创新、加快关键核心技术攻关意义重大。

3.2.1.1 北京

北京市作为全国科技创新中心，提高创新发展能力、强化服务创新型建设是国家赋予的使命，也是首都科技发展的必由之路。北京市在开展创新平台的建设中，不仅要建设好"家门口"的小平台，更要推动国家层面大平台的创建。截至2017年底，北京市累计建设国家级科技创新平台近400家，占全国的1/3，首都创新发展进入了加速推进的新阶段。②

3.2.1.2 上海漕河泾

坐落于上海西南部的上海漕河泾新兴技术开发区为国务院批准设立的经济技术开发区、高新技术产业开发区和出口加工区，规划面积14.28平方千米。经过20多年的发展历程，已形成以电子信息为支柱产业，以新材料、生物医药、航天航空、环保新能源、汽车研发配套为重点产业，以高附加值现代服务业为支撑产业的产业集群框架。开发区汇聚中外高科技企业2500多家，其中外商投资企业500多家，81家世界500强跨国公司在区内设立131家高科技企业，正推动园区成为亚洲重要的创新产业孵化器。③

作为上海建设科创中心的六大承载区之一，漕河泾主要通过建设创新服务平台、联动开发和招商合作等形式，不断加强与全国各地开发区的合作、拓展发展空间，已经形成我国乃至全世界的一个著名的科创品牌。通过创新服务平台，设立"服务超市"菜单，涵盖人才招募、专利申请和金融对接等近50个

---

① 盛垒，洪娜，黄亮，等. 从资本驱动到创新驱动：纽约全球科创中心的崛起及对上海的启示[J]. 城市发展研究，2015，22（10）：92-101.
② 龙兴洲. 以科技创新推进乡村振兴战略的几点思考[J]. 农业科技通讯，2018（4）：31-32.
③ 姚遥. 上海漕河泾新兴技术开发区产业发展状况调查[J]. 统计科学与实践，2011（2）：13-15.

服务项目,每个项目都列出联系人和电话,帮助初创企业进行业务开展。通过与周边地区积极开展合作,共同筹建分区、园中园等合作园区,组织上海企业向外转移,成为上海产业转移合作模式的新趋势,同时也成功支援和带动了周边地区的经济社会发展。

3.2.1.3 杭州城西科创大走廊

杭州城西科创大走廊位于杭州文一西路科技大道沿线,东起浙江大学紫金港校区,西至浙江农林大学,全长约33千米,平均宽约6.9千米,规划总面积约224平方千米。[①] 目前,科创走廊依托高起点的规划布局、面向全球的人才生态圈和完善的创新创业生态体系,迅速成为发展的热土,备受各界瞩目。

(1)高起点的规划布局。科创走廊呈现"一带、三城、多镇"的空间结构,其中"一带"为东西向联结主要科创节点的科技创新带、快速交通带、科创产业带、品质生活带和绿色生态带;"三城"为浙大科技城、未来科技城和青山湖科技城;"多镇"为科创走廊沿线分布的创新型特色小镇和创新区块,如梦想小镇、云制造小镇和西溪谷互联网金融小镇等。

(2)面向全球的人才生态圈。杭州城西科创大走廊正凭借积极的发展姿态和布局,吸引优秀创新人才超过20万人、科创研究型企业1000多家。城西科创区在全市率先启动人才生态示范区创建工作,从建立集聚人才的生态路径、优化保障人才的服务体系、创新人才培养的多样化模式和完善人才管理流动的循环机制等方面进行创新,为各类高层次人才集聚发展创造更优条件,已成为立足浙江、面向全球的人才高地。

3.2.1.4 深圳虚拟大学园

深圳作为我国第一个经济特区,是我国改革开放的窗口,现在已经成为国际科技产业创新中心、国际金融中心和全国经济中心城市。深圳有金融业、文化创意产业、高新技术产业、现代物流业四大支柱产业,而高科技产业和金融业对深圳具有重要的支撑作用。2017年,新兴产业增加值达到9184亿元,新兴产业主要是高科技产业,包括新一代信息技术、新能源、新材料、高端制造

---

① 苏斯彬,周世锋,史学锋,等. 杭州城西科创大走廊引领浙江创新发展的路径研究及政策建议[J]. 科技与经济,2016(6):36-40.

业和生物医药等，占到 GDP 的 40.9%，对 GDP 的增量贡献率占到一半以上，成为深圳经济增长的主要推动力。另外，深圳的金融业也很发达，2017 年深圳金融产业增加值达 3060 亿元，占 GDP 的 13.6%，深交所在 2016 年新增上市公司 40 家，存量达到 273 家，总市值超过 5 万亿元，持牌金融机构达 439 家，吸引了大量的中小企业和新兴企业，重点发展中小板和创业板。[①]

深圳虚拟大学园作为深圳在大力发展高新技术产业背景下而探索实施的一大创举，有效突破了地域限制，将异地科教智力资源与深圳体制机制优势和市场需求相结合，在大学资源集聚、高层次人才培养、科技成果转化和科技企业孵化等方面取得了辉煌的成就。[②] 面对区域高等教育缺陷和高新技术人才的不足，深圳市在鼓励科技创新方面进行了制度创新，首创虚拟大学园制度。虚拟大学园成立以来，依托虚拟大学园科教进修学院，充分利用院校的科教资源在深开展人才培养工作，形成了从短期专项培训到企业量身定做的订单培训，从专业深造专本科学位到硕士、博士培养体系。从历年培养人才数量情况看，自 1999 年开展人才培养以来，人才数量得到了迅猛增长，到 2002 年仅 3 年时间人数增长了约 25 倍。截至 2014 年 9 月，虚拟大学园累计培养各类人员 210553 人。[③]

虚拟大学园创立的一个重要目的是吸引其他地区高校将其校本部科技成果在深圳落地和转化，园区一些新创立的企业即是在研发基础上孵化而来。经过多年的发展，虚拟大学园已成为全市总体实力最强、科技产出最高和经济效益最好的研发集聚区之一，各院校和市政府携手共建，成功打造了一个汇聚官、产、学、研、资、介等诸多要素的创新平台。

3.2.2　国内发达地区区域科技创新服务平台发展经验借鉴

（1）坚实的经济基础、完善的产业体系和当地化的市场环境是构成成功的科创中心的基石。从分析总结大多数成功科创中心的案例来看，经济中心的

---

① 资料来源于《深圳统计年鉴》。
② 邱宣. 构建产学研结合自主创新体系：深圳虚拟大学园发展模式与路径初探 [J]. 中国高校科技与产业化，2007（8）：34-37.
③ 资料来源于广东省人力资源和社会保障厅官网。

前置性一般是不可或缺的发展要素。因此,"硅谷"的成功并不是机械地将风投资本、科创园区和科创研究机构进行组合就可以取得的,而是有赖于建立一个多方协同促进的创新生态系统,将大学园区、企业、科技与市场进行紧密结合,并设立孵化培育初创企业成为独角兽企业的完善机制,共同促进科创中心发展和建设。

(2)积极集聚各类创新要素,并且通过完善的机制进行管理和利用,已经成为摆在科创中心建设过程中最重要的一步。而实现这个目标的过程中,各类科研院所和研究机构都扮演着不可或缺的一步,校企联合和院企联合是科创中心最终实现科技成果转化的重要方式。

(3)创新的全球化趋势日益明显。世界级科技创新中心都具有科技先导性、产业带动性和经济辐射性,更多地体现为大区域的概念,已经突破了某个科技园区或某座城市的地理界限。我国近年批准设立诸多新区、自贸区,着力打造新兴经济产业群,这是对全球科创中心建设和发展的总结和传承,是高瞻远瞩的举措,必然为助推未来区域经济和产业经济的转型发展提供强大动力。

3.3 国内外区域科技创新服务平台建设的经验启示

3.3.1 完善市场经济环境,加强政府引导作用

尽管国内外政府对科技创新平台建设的作用不同,但各国在科技创新平台建设过程中都发挥了不可替代的引导作用,如美国I/UCRC、比利时微电子研究中心等,它们的形成与政府的支持是分不开的。目前,我国正处于市场经济转型期,我国政府尤其是欠发达地区政府有必要在这方面做出更多努力,同时政府应转变职能定位,在税收信贷、科技政策、规章法规等方面充分发挥政府规划和服务职能。首先,各级政府应优先加强专业配套设施建设,贯彻落实国家关于支持区域科技创新发展的各项优惠政策,加强国家对科技创新平台发展规划和方案的落地实施,制定促进产学研合作开展科技创新项目的补助政策,在项目审批、土地使用、企业上市等方面给予相应的政策支持,为高新技术产业快速、稳健发展营造良好的政策环境。其次,政府应出台相应法律法规以加大对知识产权的保护力度,严厉打击制造假冒伪劣产品和严肃查处侵犯企业和

个人知识产权的行为，依法保护企业和个人知识创新的合法性，为企业公平竞争营造良好的市场秩序。最后，将科技创新平台置于区域科技创新体系建设的重要位置，通过激励政策和措施来鼓励和吸引社会资金向科技创新平台投入，推动区域产学研联合开展科技创新活动，加快区域产业转型升级。

3.3.2 人才是科技创新平台建设的关键

人才是科技创新的核心力量，科技的竞争最终还是人才的竞争。各国和地区在科技创新平台建设中，很大一部分是集中在人才的引进和培养上。美国I/UCRC通过良好的政策和创业环境集聚了世界顶尖的科技创新人才，保证了其源源不断的科技创新成果和奠定了其世界科技中心的地位。比利时微电子研究中心、武汉国家光电研究中心和浙江清华长三角研究院都是以大学为依托，就是为了充分利用大学的科技人才来促进科技创新活动的开展，同时在人才聘用方面采用多种灵活、弹性的聘用机制，保证科技创新人才的稳定性。浙江清华长三角研究院通过建立人才智库和搭建海外创新创业基地及国际合作部，充分利用海外高层次科技人才，以促进本地的科技创新。为此，科技创新平台的建设首先要加强科技人才的整合，加强与国内外高校在人才的培养和输送上的合作，在数量上提升的基础上也要加强质量上的优化和提高，同时，各地政府应完善相应的人才政策以及加强创新环境的优化和科技创新配套设施的完善，进行"筑巢引凤"，为创新人才营造良好、轻松、开放的科研环境。

3.3.3 加强产学研合作，实现科技资源整合共享

产学研合作是科技创新的重要途径，是促进科技创新发展的动力源泉。美国 I/UCRC 能够实现科技产品从设计、研发到成果转化和产业化，形成完整的科技创新链条，其根本就是依靠产学研之间的密切合作。产学研合作可以实现优势互补、资源共享，符合产学研各方的利益追求。比利时微电子研究中心通过建立多边合作机制，联合多家单位和企业共同参与科技创新，合作开发共性技术，实现费用和风险共担、人才和成果共享，该合作机制被欧美公司广泛地认可。通过鼓励和引导企业、大学和科研院所之间进行资源整合和建立多边的合作机制，促进科技资源和人才在企业、大学和科研机构之间流动，在区域形

成一支稳定的科技创新人才队伍。同时，加强产学研合作利益分配机制建设，能够使创新主体之间关系保持长期的稳定，激发各创新主体的科技创新合作动力。浙江清华长三角研究院通过建立多方共赢的利益分配机制，大大推动了企业和科研院所的科技创新动力，积极开展多边科技创新合作项目，实现了产、学、研协同发展。

3.3.4　积极探索社会化管理方式、市场化的运行机制

科技创新平台的建设初衷就是加强产学研合作、推动科技资源的共享、服务于地方科技创新活动、促进区域科技创新水平的提升。平台只有建立合理高效的管理和运行机制，才能有利于区域间资源的开放和共享，推动产学研深度合作。国内外发达地区科技创新平台之所以建设成功，离不开它们社会化管理方式和市场化机制的运作。比利时 IMEC 在合作开发共性技术时就采用"民主集中制"的决策方式，充分听取各家企业的意见，该方式既维护了各企业的利益又避免了企业之间产生纷争，且很大程度上防止了"搭便车"的行为。另外，平台的经营、高新技术企业入园、人才向园区高新技术企业的流动等均是利润最大化或收益最大化的利益动机的结果。平台要取得长期稳定的发展，必须运用市场的供求、价格的调节机制，来实现供给与需求的相对平衡。必须发挥市场机制在资源配置中的决定性作用，同时辅之以政府的宏观调控，使得市场调节与政府调控相辅相成、相得益彰。在促使科技深度融入市场经济当中，应充分发挥科技创新对经济的驱动作用，政府部门应发挥好其服务职能，成为科技创新驱动发展战略的重要推手，构建以企业为主体、市场为导向、产学研相结合的科技创新体系。

第4章

区域科技创新服务平台能力评价

4.1 创新能力评价方法

区域创新能力是宏观层面的创新能力,属于国家创新能力的特殊形式,区域创新能力是一个系统的、综合的能力体现,它表示整个区域最终表现的综合创新能力,是用来衡量该能力的多维产出指标。[①] 关于区域创新能力的内涵,国内外学者尚未形成统一标准,本书在前人研究的基础上,将区域创新能力定义为在特定的地理范围内,通过创新资源的合理配置进而利用知识与技术创造新服务或新产品,最终达到促进区域经济增长能力的目的。

国外关于区域科技创新能力评价最早始于美国,主要采用量化研究的方法。美国国家科学基金会(NSF)于1950年开始公布《科学与工程指标》报告,其中关于科技评价主要涉及研发投入、科研人员投入、论文数量及引用率、知识产权、高技术和知识密集型产业的比例以及科研人才培养等方面。

欧洲创新记分牌(ESI)在评价国家或区域的创新能力中占有重要地位,应用范围较广。在《2017欧洲创新记分牌》报告分析中,主要从框架条件、投资、创新活动与影响力四个方面对相关区域进行了创新评价。经济合作与发展组织(OECD)从知识要素的角度对创新能力进行界定,主要从知识的网

---

① 李仲飞,毛艳华,刘云国,等. 珠三角自主创新能力研究[M]. 广州:广东人民出版社,2013.

络、投入与产出、存量与流量、学习四个维度来评价国家创新能力，具体评价指标涉及研究与开发经费、专利数、技术贸易支出、人力资本投资、R&D人员的存量、专利的存量、劳动者工资等。联合国开发计划署（UNDP）制定的《人类发展报告》是国际上较为权威的报告之一，它从技术层面视角出发，对国家创新能力评价主要借助技术成就指数，并通过对指标进一步的分解，从而完成对国家创新能力的测定。

上述研究主要表现为国际或国家组织机构对创新能力的评价，目前，这些评价指标体系在国际上仍占有重要分量。除了上述组织机构的探索之外，许多国外学者也对创新评价进行了相关研究。扎巴拉等（Zabala et al.，2007）对欧洲区域创新系统进行了评价，主要借助创新的输入与输出两个层级指标。鉴于区域创新政策模型的新变化，图拉塔等（Tura et al.，2008）尝试克服当前评估工具的一些问题，概述了基于网络的创新能力评估框架，以用于评估和开发区域创新政策。皮图泰尔等（Pinto et al.，2010）从经济结构、劳动力市场、技术创新和人力资本四个维度，对所选定的对象进行评价与分析。马格桑德泰尔等（Maghsoundi et al.，2015）认为，在评估过程中，需要尽可能多地考虑创新过程，对过程的公正投入和中间产出进行评估才能对创新有一个清晰认识，并且还需要评估创新过程中可能发生的情况。科恩泰尔等（Coenen et al.，2017）着重强调了如何提高基于区域创新体系框架的政策能力，以支持新的路径发展，确保区域弹性。

研读国内外相关文献资料可知，学术界关于区域科技创新能力评价相关研究已经形成了较为丰富的理论成果，主要表现为区域科技创新能力影响因素、区域科技创新能力评价指标体系和区域科技创新能力评价方法三个方面。国外学术界所构建的区域科技创新能力评价指标体系，已经成为区域或国家科技创新的重要衡量标准，具有较强的代表性，为不同地区间横向科技竞争力的比较提供了依据。受国外创新理论的影响，加之近些年国内出台一系列促进科技创新的宏观战略举措，国内学术界研究成果较为突出，主要体现在两个方面：一方面，区域科技创新能力评价指标体系结构比较完整，主要分为2~3个指标层级，以3个指标层级居多，其中第一层级通常涉及科技创新环境、科技创新基础、科技创新投入、科技创新产出和科技创新效益等要素；另一方面，区域科技创新能力评价分析方法比较客观，以定量分析方法为主，有利于科学地处理与分析数据。

然而，国内学术界在评价指标选取过程中，通常基于各自领域某一特定的研究背景，从而使得所构建的评价指标体系整体上表现出较大的差异性，容易导致同一对象的评价结果因指标体系的最终选择而异。因此，区域科技创新能力评价指标体系亟待完善，主要表现在以下几个方面。

第一，指标表述相近。如研究开发人员数和每万人中研究开发人员数（蒋兴华，2012）等指标之间的区分度不大，如果选择保留更具代表性意义的指标可能会有利于保障最终评价结果的可靠性。

第二，指标界定笼统。如市县企业技术创新指数（张春强等，2015）和科技人力资源培养（张换兆等，2011）等指标具体指向模糊，需要进一步细化加以说明。

第三，指标层级错位。如R&D经费投入强度（杜江等，2017）等指标在不同指标体系中所归属的指标层级不一致。

第四，指标结构欠佳。如有些指标体系（巴吾尔江等，2012；毛良虎等，2016）构建有些偏于简化，虽然便于实际具体操作，但可能会出现指标体系覆盖内容不够全面等问题；相反，有些指标体系（李正辉等，2011；张换兆等，2011）构建内含的指标要素较为细化，如纳入森林覆盖率（王亚伟等，2012）等相关系数较低的指标，可能不利于对最终评价结果的重点分析，这就要求在指标体系构建过程中应有所取舍。

总体来说，国内关于创新能力评价方法的研究主要有以下两种。

（1）区域科技创新能力两层评价指标体系研究。中国科技发展战略研究小组每年发布《中国区域创新能力评价报告》，该报告主要包括知识创造、知识获取、企业创新、创新环境和创新绩效5个板块，通过指标测评对中国区域创新能力进行评价。科技部每年发布《中国区域创新能力监测报告》，该报告主要包括创新环境、创新资源、企业创新、创新产出和创新效率5个子系统的监测指标体系，共下设124个监测指标。上述两个报告的评价指标体系是学术界开展评价指标体系构建研究的重要参考依据。

国内学术界所构建的区域科技创新能力两层评价指标体系主要包括科技创

新基础、科技创新环境、科技创新投入、科技创新产出和科技创新效益等指标要素（林萍等，2014；毛良虎等，2016）。有的学者基于上述指标体系框架，尝试将其他要素纳入评价指标体系，如知识创新（李正辉等，2011）、扩散要素（虞震，2011；杜江等，2017）、企业创新要素（巴吾尔江等，2012）等。从数量上看，有的学者所构建的一级指标数量较少，仅涉及两个一级指标维度（徐德生等，2016）。有的学者尝试从总量、质量、速度及加分等维度进行评价指标体系的构建（张春强等，2015），其中加分指标下设3个三级指标，分别为市县企业技术创新指数、市县产业技术创新指数和市县科技创新创业服务指数。

（2）区域科技创新能力三层评价指标体系研究。区域科技创新能力三层评价指标体系是目前学术界的主流构建形式，与两层评价指标体系类似，通常也包括以下几项指标要素，即科技创新基础、科技创新环境、科技创新投入、科技创新产出和科技创新绩效（常涛等，2015；冯岑明等，2007）。评价指标体系之间存在的略微差异主要体现在学者们所构建层级指标的表述方面，但其本质内涵是一样的。

唐炎钊等（2001）、方秀文（2001）和王亚伟等（2012）所构建的区域科技创新能力评价指标体系较为相近，除二级指标和三级指标有细微区分之外，一级指标主要涉及科技进步基础、科技活动投入、科技活动产出和科技促进社会经济发展四个指标。荣飞等（2006）在评价研究过程中则直接采用了唐炎钊等（2001）所构建的区域科技创新能力评价指标体系。

殷晓莉等（2006）把区域科技创新能力评价指标体系同样分为三个层次，但其所构建的评价指标体系着重强调了指标之间的作用关系，即指标之间是共生的，而非独立的。卢山（2007）在所构建的六个一级指标中突出强调了科技促进可持续发展指标，将其从效益指标中单独列出，从而将效益指标进行了更加细化的处理与分析。马元三等（2009）在一级指标构建过程中，除包含科技创新基础和科技创新绩效之外，还尝试加入了科技创新组织一项。

与两层评价指标体系构建类似，也有学者尝试加入"知识"元素，主要表现为"知识+特定词语"的方式进行说明，如知识创造能力、知识获取能力、知识流动能力和知识创新能力等指标（孟晓华等，2006；蒋兴华，2012；

姜文仙，2016），以突出科学知识在科技创新中所扮演的重要角色。也有学者从科研过程视角出发，即通过科研开发、科技成果转化和科技支撑三个方面对区域科技创新能力评价指标体系进行阐述（沈菊华，2005）。有的学者从总分结构视角出发对评价指标体系进行构建，如总量科技创新能力和结构科技创新能力等（张志新等，2014）。此外，除常见的两层评价指标体系和三层评价指标体系之外，也有学者（李俊等，2012）仅构建一个层级评价指标体系。

综上所述，无论是两层评价指标体系、三层评价指标体系还是其他层级数目评价指标体系，学术界所构建的区域科技创新能力评价指标体系基本上都纳入了以下几个核心要素，即科技创新基础、科技创新投入、科技创新产出和科技创新效益等，其主要区分就在于二级指标的提炼以及三级指标具体选取等方面。

区域科技创新能力的评价问题涉及多个评价指标和变量，且不同指标间大多存在一定的相关性，使得统计信息出现重叠和交叉。多指标综合评价问题涉及多种评价方法，依据不同的权重赋值方式，可以分为主观赋权法和客观赋权法。层次分析法（AHP）、德菲尔法等主观赋权法以专家经验结合主观认知进行打分来设定各指标权重，受主观评价因素的影响较多；主成分分析法、因子分析法等客观赋权法依据各变量间的变异程度和相关性设定各指标权重，不仅能够减少主观因素的影响，而且主成分分析法更适合于指标间有一定信息交叉和重叠的数据分析，对样本量要求较低，以降维法简化指标结构，选取方差贡献率较大的主成分，在一定程度上减少了信息的冗余和重叠，使得评价结果简单明了。[①]

4.2 影响区域科技创新服务平台创新能力的因素

区域科技创新服务平台创新能力的强弱在一定程度上决定着区域社会经济未来的发展走向。关于区域科技创服务平台创新能力的影响因素，通常从内外部环境进行分类，也有学者从起直接作用的硬环境和起间接作用的软环境两个

---

① 陈思远．湖北省科技创新能力评价与提升对策研究［D］．武汉：中南财经政法大学，2019．

视角划分（刘继伟，2009）。一般来说，资源禀赋不同的地区，区域科技创新服务平台创新能力之间存在着某种自然差异性，这种差异性是区域之间发展增速不同的重要因素。而在具有相同资源禀赋的地区，区域科技创新服务平台创新能力存在着创新绩效差距较大的情况，因为除了资源禀赋要素之外，区域创新主体的素质和能力、区域创新主体之间的互动关系等因素都会对区域创新能力产生影响（Tsdtling，1992），其中，一个地区比较有影响力的企业的创新能力对该地区科技创新能力影响较大（Ronde et al.，2005）。

总体来看，区域科技创新服务平台创新能力可以看作是一种综合力，影响区域科技创新能力的资源要素很多，包括人力、资金、技术及信息等，并且上述资源要素之间呈相互作用的关系（卢山，2007），因此，必须注重区域网络中所有参与个体的共同合作（陈大道，2003），从而发挥区域科技创新最大潜力。本书主要从内部因素和外部因素两方面探讨区域科技创新服务平台创新能力。

4.2.1 内部因素

内部因素主要包括区域科技创新服务平台的科技资源拥有量、服务能力、服务功能互补性以及种群数量。

（1）科技资源拥有量。区域科技创新服务平台面向区域科技创新需求，高效集聚整合区域闲置、分散的科技资源，并以实现科技资源开放共享、有效服务支撑区域科技创新为发展核心。因此，平台集聚整合科技资源的数量与种类将直接影响其创新发展进程。

（2）服务能力。区域科技创新服务平台以高效配置区域科技资源、实现服务供需平衡匹配为根本。因此，区域科技创新服务平台创新发展应在不断强化其体系内共享平台与技术平台间协同服务理念的基础上，通过积极引入大数据、云计算、人工智能等先进信息技术，不断提升服务能力，创新服务模式。

（3）服务功能互补性。区域科技创新服务平台包含共享平台与技术平台两类科技平台，两者建设宗旨不同，服务内容存在一定差异，服务功能也不尽相同。其中，共享平台服务功能较为丰富且基础，技术平台服务功能却极具专业化特征。区域科技创新服务平台创新发展需要依托共享平台与技术平台间联盟，其相互间服务功能互补性越高，将越有利于推进彼此合作互动的开展。因此，区域内共享平台与技术平台间服务功能互补性也是影响区域科技创新服务平台创新发展的重要因素。

（4）种群数量。伴随区域科技创新服务平台的不断发展，其系统内部的平台网络节点将不断壮大，加盟创新主体数量随之持续增多。因此，由各类创新主体汇聚而成的高校、科研院所、企业、中介和金融机构等创新种群数量成为影响区域科技创新服务平台创新发展的另一重要因素。

4.2.2 外部因素

外部因素主要包括创新需求、政策激励以及新兴技术。

（1）创新需求。区域科技创新服务平台以服务区域科技创新以及战略性新兴产业发展为宗旨，因此能否高效满足区域科技创新需求是衡量其实现创新发展的重要指标。随着创新驱动发展战略的深入实施，区域科技创新需求将日益复杂、多样与个性化，区域科技创新服务平台为更加有效满足用户需求，须基于创新需求的不断变化而不断升级服务功能、提高服务能力，促进自身向可持续的创新方向发展。因此，区域科技创新需求是影响区域科技创新服务平台创新发展的重要外部因素之一。

（2）政策激励。区域科技创新服务平台作为服务区域科技创新以及战略性新兴产业发展的重要服务支撑体系，其创新能力的增强必然离不开政府政策的指引与激励，政府出台或发布与平台发展及创新相关的扶持与补贴类优惠政策，都将有助于激发创新主体开展科技创新的积极性，从而有效提高平台及科技资源利用率。

（3）新兴技术。区域科技创新服务平台创新发展也离不开先进的新兴技术作用与影响。随着科技的不断发展与进步，越来越多的例如人工智能、云计算、大数据、区块链等新兴技术，充斥着区域科技创新服务平台的发展进程。而先进技术兴起、区域整体技术水平、新兴技术发展动向等，都将通过改变科技创新创业需求以及区域科技创新服务平台的服务形式，影响着区域科技创新服务平台的创新发展速度。因此，先进的技术兴起与引入将有利于推进区域科技创新服务平台的创新发展步伐。

4.3 区域科技创新服务平台创新能力形成的机理

区域科技创新服务平台创新能力的形成包括市场需求、政府驱动、企业家精神、超额利润、社会环境（制度、文化、服务等）、科技推动以及开放市场等7个原动力因素。① 要实现创新研究成果的商业化应用价值，必须对接目标市场需求，使得科技成果满足生产生活需要。此外，需求也是创新实现的拉动力。政府作为社会生产管理者和政策制定者身份，决定了其对区域内科技创新活动的引导、激励、协调和监督作用。应充分利用法律、财政手段鼓励前沿技术、公益研究和重大科技专项的创新活动。

科技创新活动产生的超额利润是各个创新活动主体的原动力。创新文化氛围浓厚、基础设施健全和服务水平高的社会环境，有助于鼓励企业大胆尝试创新、增加研究成果产出、降低创新活动风险，及时共享信息、资源等，推动科技创新事业繁荣发展。新科技、新知识、新工艺、新产品的不断产生是创新活动产生的重要载体，促使前沿技术不断向前发展。开放度较高的区域可以通过集成创新、引进消化吸收再创新等方式获取先进技术，追赶发达区域创新水平。

区域科技创新服务平台包括生产企业、高校、科研机构、区域政府以及科技中介服务机构五大主体。其中，生产企业是创新活动的核心，通过企业内部处理将区域高校、科研机构的知识和技术成果转化为新产品、新服务或其他形式以迎合企业生产需要和市场消费需求，从而实现区域经济利润或形成区域产业优势。高校作为科学教育培训机构，其主要作用是培养人才。此外，各种科技理念的碰撞不断催生着新知识、新技术，并向其他创新主体输送所需的人才、知识和技术。科研机构专注于科技前沿技术及各种试验开发研究，也不断为企业提供所需技术以及实现人才交流。区域政府是创新支持政策制定者、创新环境维持者和科技资金投入者，合理、有序的政府协调管理，将促进各主体创新活力持续迸发。科技中介服务机构是创新服务的提供主体，搭建科技服务

---

① 陈思远. 湖北省科技创新能力评价与提升对策研究 [D]. 武汉：中南财经政法大学, 2019.

平台能够有效对接企业、高校、科研机构、社会投资者各类需求，提高研究成果转化率，促进经济和科技紧密结合。

科技创新投入为创新活动提供了相应的资金和物质基础，是创新活动发生和发展的源头；创新环境包含文化环境、基础设施环境、人才环境、市场环境等几个层面，在创新活动顺利进行过程中起到保障作用。科技创新产出包含知识产出、技术产出以及经济产出三个层面。科技成果产出的转化应用过程即是实现区域创新绩效的反映，也即实现区域消费水平、经济水平的提高和可持续发展。

4.4 提升区域科技创新服务平台创新能力的意义

目前，我国正处于转型升级的重要阶段，随着产业不断细化分工和融合生长，创新能力作为经济增长的重要驱动力作用也愈渐显现。区域科技创新平台一方面能够不断创造和生产新的科技知识，另一方面又能够将创造的新知识通过自身提供的服务或产品得以运用。提升区域科技创服务平台的创新能力对于提升区域科技竞争力、提升区域综合服务功能有重要促进作用，对改善经济发展模式以及完善区域创新体系具有重要的战略意义。因此，提升区域科技创新服务平台创新能力的意义重大。

（1）适应产业融合发展需要。区域创新平台的发展隐含了促进产业融合的战略意图。目前，政府努力通过区域创新平台将科技资源进行全方位扩散，注重整合优化配置科技资源，开展协同创新，在产学研合作、管理模式、投入机制、运行机制、市场化服务等方面开展更多符合实际、各具特色和卓有成效的做法，以期服务于整个产业链。因此，平台仅仅通过单向的扩散服务很难有效促进产业融合，只有将科技资源共享服务精准地嵌入产业链中，以良好的科研设施和环境条件吸引、稳定、培养一大批高水平的科学家和工程师队伍，才能促进产业融合发展，实现科技资源效用的最大化。

（2）满足未来创新活动的需要。随着信息化进程的不断加深，在物联网、移动互联网、大数据、人工智能等技术的支撑下，未来的创新活动将更多地在虚拟工作环境中进行，大量分布式、在线协作的虚拟团队逐渐加入服务业务中，这使得科技资源共享服务越来越复杂。通过区域平台内部员工之间、员工与客户之间的可视化界面，通过高效率的服务流程提高响应速度、降低服务成本，通过对需求的分析，准确把握科技创新的方向，提供随需而变的共享服务。

（3）满足个性化、精准化服务的必然趋势。随着对科技资源需求的深度挖掘，客户不再是服务的被动接受者，而是主动参与到服务创新的过程中，这种融合的趋势需要区域平台在标准化服务与个性化之间进行平衡。一方面，区域平台通过物联网、移动互联、人工智能等技术实现科技资源的动态配置，满足创新活动的个性化需求；另一方面，通过服务流程的自动化，让顾客自助获取服务，以降低服务成本、提高服务效率。这种区域平台与客户之间各种互动、交流方式突破了传统的时空局限，不仅使客户群倍增，还增强了顾客对区域平台的黏性。同时，这种频繁接触，有利于区域平台获得顾客行为的大数据，利用云计算超强的存储能力和计算能力，对服务接触中所积累的客户行为偏好大数据进行聚类、分析，挖掘客户的潜在需求，预测顾客的未来需求，提供超前的引领式服务模式，增强系统的感知能力。

（4）平台自我发展的需要。区域科技创新服务平台作为一个涉及多个层面、多种要素、多种结构的复杂创新系统，并且是一个动态演进系统，为科技资源共享服务提供了技术支持，能够满足对多源、大量科技资源信息的收集和分析的要求。同时，区域科技创新服务平台可以结合生态化发展与服务模式运行，依托对自身实际服务效果的评价，发现影响平台服务效果的积极与消极因素，从而制定科学合理有效的平台服务水平提升策略，不断强化平台发展与服务优势，以此综合提升平台服务水平，并实现平台创新能力的持续增强。

第5章

区域科技创新服务平台运行机制

5.1 区域科技创新服务平台运行机制概述

5.1.1 相关概念界定

了解运行机制之前,我们先要对"机制"的概念进行界定,机制主要是指各要素之间的结构关系和运行方式。把机制的本义引申到不同的领域,就衍生了不同的机制。运行机制主要是指在人类社会的运动过程中,各要素之间相互作用、相互影响,并形成规律的运动形态,引导或制约着运动的作用过程和作用原理。基于上述观点,本书的运行机制是指科技创新平台在运行过程中各主体之间相互联结、相互作用,以此来发挥平台整体的功能,保证平台的各项工作和目标的实现。

5.1.2 "三区联动"区域科技创新服务平台运行机制

"三区联动"是一个以大学、科技园区和行政社区为重要节点的动态、开放的区域科技创新平台。该平台在一定的地理空间内,通过三元主体的参与和多种创新资源的共享,以横向联系为主要形式,通过多层次、多渠道的正式和非正式交流,实现创新为主的功能指向。因此,该平台的运行机制设计必须能够保证三区真正实现有效融合、联动发展,从而达到提升自主创新能力的目的。"三区联动"区域科技创新平台的运行机制可以设计为操作层和制度层两个层面（如图5-1所示）。操作层是"三区联动"科技创新网络的具体运作方式，主要包括三个依次递进的子平台，分别是资源共享平台、合作创新平台和自主创新平台，以达到"三区联动"区域科技创新服务平台自主创新能力增强的目的。操作层面运行机制的有效和高效运转，离不开制度层面的支持和保障，"三区联动"制度层运行机制包括进入机制、融合机制、激励机制、创新机制、利益分配机制、监督机制和退出机制。设计完善、严密的制度层运行机制可以有力地保证和促进操作层运行机制的运转，达到提高自主创新能力的

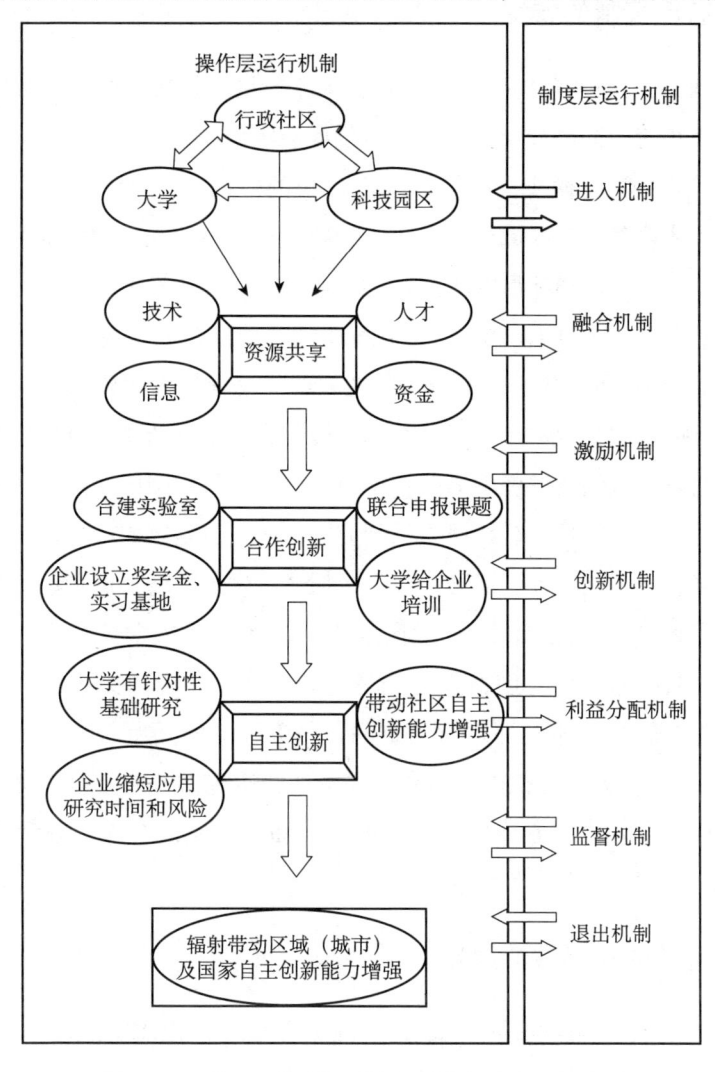

图5-1 "三区联动"科技创新服务平台运行机制

目的。同时，操作层运行机制在实际运行中，也可以发现现有制度层运行机制存在的问题，并推动制度层运行机制不断修改完善。操作层和制度层运行机制的有机配合和相互促进，会推动整个"三区联动"运行机制的自我完善和良性发展。

操作层和制度层运行机制的具体设计将在5.2节和5.3节中展开详细论述。

5.1.3 运行机制的特征

"三区联动"理念的特征主要表现在大学校区、科技园区与行政社区（政府）各自承担着不同的社会职能，三者的职能定位如下。

（1）大学校区是源头。在"三区联动"的格局中，大学校区主要进行知识创新和人才培养，是区域创新人才和创新科技的策源地，承担着为科技园区提供创业人才、知识和项目的职能，为区域经济、社会发展提供智力支持。

（2）科技园区是主体。作为大学和社区联动融合的结合点，科技园区是"三区联动"中最重要的主体部分，其主要职能是承接大学校区的科研成果产业化，进行高科技企业孵化，把科学创新转化为技术创新，直接促进生产力发展，因此它是区域创新发展中的关键环节。同时，科技园区又是产学研相结合的重要基地，是大学师生、科研人员创业的场所，也是区域经济发展的重要载体，为区域经济调整注入了活力，成为区域经济发展的增长极和动力源。

（3）行政社区是保障。行政社区（政府）不仅为大学校区和科技园区提供配套的公共服务，也为创新人才创造适宜居住、休闲和交流的社会生态环境，成为创新创业人才发挥才智的空间、服务社会的场所。同时，行政社区（政府）还是自主创新的积极参与者和保障者，通过投入部分运转资金有偿购买大学和科技园区的服务等形式，促进大学和科技园区合作，推动"三区联动"区域创新网络有效良性运转。

5.1.4 运行机制遵循的原则

（1）基于组织协议和信任机制保障网络的运行。组织协议是"三区联动"参与各方（大学、科技园区和行政社区）在加入"三区联动"区域科技创新服务平台之前通过相互了解、沟通和谈判达成一致并承诺加入后共同遵守以促成"三区联动"科技创新平台构建和运行的框架协议，是"三区联动"正常运行的重要组织保障。但是，仅靠这一项硬性约束并不足以高效规范创新平台行为主体之间的关系。因为平台中的不同行为主体有着不同的利益和目标，在平台运行过程中对不同主体实施组织监管的成本相对较高，即使再严密详细的组织协议，也不可能完全应对平台运行过程中可能出现的错综复杂且随时变化的现实环境。在科技创新平台的运行中，任一主体都可能出现"搭便车"行为，从而损害科技创新平台的共同利益和长远合作。

因此，即使"三区联动"参与各方达成了严密详细的组织协议，在平台实际运行中也还有可能产生较大的风险，这就要依靠参与各方之间建立起来的信任机制来进行软约束。由于此平台成立之前，各个主体间相互认同程度高、目标兼容性强、沟通渠道顺畅、主体间甚至还有过合作经历，因此"三区联动"参与主体之间能够以较小成本、较快速度建立起信任机制。通过组织协议和信任机制硬软两套约束机制，来保证"三区联动"运行机制的高效、稳步运行。

（2）引入市场化运作方式，提高平台运营效率。在网络构建初期，要依靠政府的引导和协调，但是在"三区联动"区域科技创新平台进入稳定期时，应逐步淡化行政色彩，这就要求"三区联动"平台运行要引入市场机制，并以市场机制为主导。因为在市场机制下，参与各方都面临着激烈的竞争，要想获得并保持较强的持续竞争能力，行为主体必须具有持续的创新能力（尤其是自主创新能力），这样参与各方就会有创新发展的内在动力，进而自觉按照创新服务平台的要求完善自身，并加强与其他参与各方的互动和合作，从而推动"三区联动"科技创新平台运营效率的提高，并促使平台更趋于稳固。而且，市场机制也会促进资源在"三区联动"科技创新平台内的高效配置和优化组合，从而提高平台运营效率。

（3）对内开放，资源共享。"三区联动"运行机制必须能够促进参与各方相互开放和交流。正如前文所说，交流在把节点（大学、科技园区、行政社区）连成网络时又会产生新的节点。节点密度越大，交流越频繁；交流越多，节点越多；节点越多，创新机会越多，平台的创新能力就越强。因此，对内开放,通过大学、科技园区和行政社区之间的人才、技术、信息、资金、设施等各种资源共享,以及形成平台内独有的正式和非正式的交流渠道和氛围,产生"1+1+1>3"的协同效应,进而增强整个科技创新平台的运营效果。

(4) 与社区联系紧密,根植性更强。由于"三区联动"区域科技创新平台不是像以往科技园理论那样将社区看成是外在的影响因素,而是将所在的行政社区纳入区域创新平台,将之看成是区域创新不可缺少的重要的"非生物环境"和"生命支撑系统"。因此,"三区联动"模式与行政社区的联系较之以往理论更紧密,根植性更强,"三区联动"的运行对社区的溢出效应和影响也相应更大些。

(5) 对外辐射,多方共赢。由于"三区联动"是一个动态、开放的区域生态创新平台,因此"三区联动"平台内外是交流互动、互相促进的。由于大学和科技园区内的高新技术企业是国家创新系统的主体,"三区联动"往往成为区域重要的创新源和增长极。一方面,大学和科技园区的高新技术企业不断吸收平台外的知识、技术、人才、信息、资源等,提高自身的自主创新水平;另一方面,"三区联动"内知识、技术、人才、信息等对平台外的辐射(如图5-2所示)会带动平台外相关部门和地区的技术进步和经济发展,从而提高整个区域的自主创新能力。

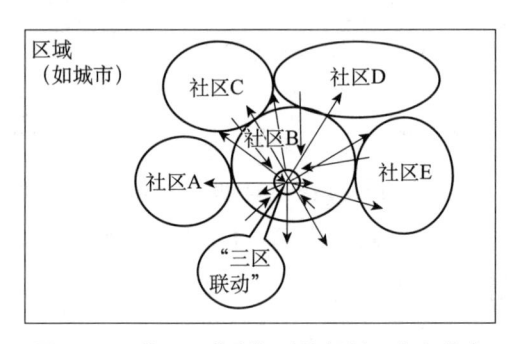

图5-2 "三区联动"对外辐射,多方共赢

5.2 平台操作层运行机制

"三区联动"操作层运行机制的重要作用在于通过打造"三区联动"区域

科技创新平台，建立各种正式和非正式的交流渠道，促成大学、科技园区和行政社区"三区融合、联动发展"，提升平台成员各自以及整体的自主创新能力，并催化平台独特创新氛围的产生。

如图5-1所示，"三区联动"操作层运行机制主要通过资源共享平台、合作创新平台和自主创新平台三个依次递进的子平台来实现大学、科技园区和行政社区的融合和联动发展，增强整个区域创新平台的自主创新能力，进而通过辐射外溢效应带动区域（城市）及国家自主创新能力的增强。

5.2.1 资源共享平台

资源共享平台是"三区联动"操作层的基础平台，在这个平台上，大学、科技园区和行政社区三元参与主体的各种创新资源实现交汇融合和优化整合，并流向能产生最大创新价值的节点。可以共享的创新资源包括知识、技术、信息、资金、科研设施、科研场所、有利于创新的人文环境等（如图5-3所示）。在资源共享平台上，行政社区是重要的推动因素，通过政府有偿购买大学和科技园区的服务等形式，将大学、科技园区和行政社区的资源共享合作紧密地联系起来，从而推动进一步的合作创新。

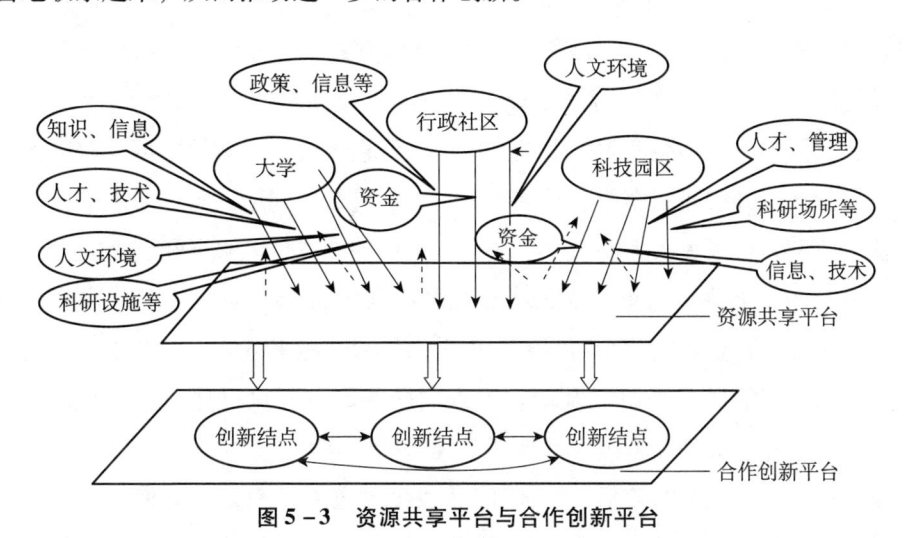

图5-3 资源共享平台与合作创新平台

（1）知识、信息共享。知识和信息在"三区联动"区域创新平台内的畅通流动是知识信息共享的前提和基础，而知识信息共享又是区域创新活动产生的根本动力之一。大学拥有丰富的科研人才，在跟踪和获取最新知识技术和信息方面拥有极大的优势，大学知识储备向科技园区以及行政社区的流动，可以使科技园区内的高新技术企业和行政社区同步获取最新知识技术成果，改善企业科研人才的知识结构，提高企业的科研能力，并带动社区人口素质进一步提高。同时，行政社区和高新技术企业贴近市场，可以将最新的市场动态信息向大学反馈，从而使大学的基础性研究更有针对性，进而提高科技成果产业化水平。可以建立"三区联动"信息网络系统，为知识和信息在大学、科技园区和行政社区的流动搭建一个畅通的交流平台，以缩短沟通时间，提高共享效率。

（2）技术共享。作为区域创新的两个重要创新源，大学和科技园区分工合作，大学致力于基础研究，科技园区致力于应用研究，双方通过技术扩散、交流和分享，可以更好地提高各自以及整个平台的研发效率和研发实力。作为"三区联动"主体的科技园区，应该积极承担使大学校区科研成果产业化的责任，加大高新技术企业的孵化力度，推动科学创新转化为技术创新，从而促进生产力的发展。

（3）人才共享。大学、科研园区和行政社区的人才交流和流动是知识信息流动的重要载体。"三区联动"人才共享的方式是多样的，比如科技园区可以建立大学专家、教授到研发基地兼职的柔性流动机制，建立大学生创业中心，提供网络内大学生实习、兼职和就业的绿色通道；行政社区可以邀请大学师生到社区举办讲座；企业、社区人员到大学进行短期培训等。高水平人员的交流和流动，可以大大提高大学、企业和社区的整体技能水平和创新能力。

（4）资金共享。这里所说的资金主要指研发资金。随着我国现代化建设的进一步推进，企业在整个研究开发中的主体地位越来越突出，企业已经成为研发支出经费的最大来源以及研发投入实施的最主要执行部门。但是，与美国、日本、欧盟等创新型国家和地区重视基础研究相比，中国企业和高等学校对基础研究的投入普遍较低，绝大部分研发经费被投入到研发周期短、投入金额较少、较易出成果的应用研究和试验发展上，而基础研究是应用研究的基石和自主创新的持续动力。因此，科技园区内的高新技术企业可以通过设立大学基础研发基金、与大学合开实验室、合作研发项目、设立专业奖学金等方式对大学的基础研究和相关学科教育进行资金投入，鼓励大学重视与企业发展相关的基础研究，从而为高新技术企业的应用研究以及科研人才的培养输送提供坚实基础。高新技术企业之间也可以建立合作研发机制，通过研发资金和技术的集聚，提高企业应用研究水平。行政社区也可以对科研园区内的自主创新企业提供税收减免等优惠政策，鼓励网络内高新技术企业加大研发投入，提高自主研发实力，并吸引更多的高新技术企业在网络内集聚，加速形成独特的创新集聚空间和创新文化氛围。行政社区还可以通过有偿购买大学和科技园区的服务，来推动二者实质性的资源共享和交流合作。此外，通过"三区联动"研究基金的建立和使用，可以推动参与各方以及整个"三区联动"区域科技创新平台自主创新能力的增强。

（5）科研设施共享。大学可以以优惠价格对园区企业和社区开放图书馆、实验室等科研设施和场所，大学的一些专业课程也可以通过网络平台向园区企业和社区传送。科技园区内的高新技术企业也可以通过设立博士后工作站、联合实验室等方式将企业的科研设施与大学分享。大学、科研园区和社区的文体设施也可以互相开放，促进人员交流和知识、信息、技术的共享。

（6）人文环境共享。人文环境，简而言之是指由文化传统、文化制度、思想观念、价值观念、思维方式等人文因素构成的一种文化氛围。人文环境带有鲜明的地域特色，表现为不同地区有不同的人文环境积淀。比如开放交流、鼓励创新、容忍失败是美国"硅谷"的特色人文环境；而美国128公路地区则更多地表现为传统、保守和封闭的人文环境特征。因此，人文环境对于区域科技创新平台的建设和运行有着重要的影响。科技创新需要以人为本、重视合作和开放交流的人文氛围，也需要能够包容多元文化、鼓励创新创业、容忍失败的人文精神。大学和科技园区由于汇集多种人才、多元文化，因此可以通过交流渗透来影响和改造整个社区的人文环境，从而营造鼓励创新创业的"三区联动"特色创新文化。除了构建正式的交流渠道，构建独特的非正式知识信息交流氛围对于知识尤其是不可编码知识（缄默知识和黏性知识）的共享显得格外重要。初期，科技园区可以通过设立特定主题式咖啡馆、酒吧等方式，构建吸引科技创新平台内相关创新创业人才休闲聚会的空间，并通过集聚和扩散，逐步产生类似于"硅谷"的弥漫整个平台的特殊"创新空气"。

在各种创新资源的优化整合和共享过程中，科技园区作为连接大学和行政社区资源共享的桥梁，要发挥主导推动作用。作为重要的创新源之一以及科技成果产业化的重要场所，科技园区可以凭借丰富的管理经验、雄厚的资金优势、强大的孵化功能和较为宽裕的空间场地，牵头组织搭建并推动资源共享平台的顺利运行。同时，行政社区作为重要的支撑系统，对于大学和科技园区的实质融合和资源共享也起到重要的推动作用。而大学作为自主创新的重要源头，在资源共享方面的实质性开放和融合，直接关系到资源共享平台乃至下一步合作创新平台能否顺利运行。

5.2.2 合作创新平台

合作创新平台是"三区联动"操作层中的中坚平台，在这个平台上，大学、科技园区和行政社区三元参与主体在资源共享的基础上，通过各种合作形式，发挥协同效应，提高整个平台的结网能力和创新能力，为进一步增强自主创新能力和整体创新能力打下坚实基础。其中，大学是合作创新的重要源头；科技园区是合作创新的主要推动力；行政社区是合作创新的重要支撑。

如图5-3所示，知识、技术、信息、资金、科研设施、科研场所、有利于创新的人文环境等创新资源经过资源共享平台的交汇融合和优化整合后，流向合作创新平台上那些能够产生最大创新价值的创新节点。然后这些创新节点通过形式多样的研发合作进行紧密结网，形成强大的创新群，使各自以及整个区域创新平台的创新能力大大增强。

由于"三区联动"中大学和科技园区内的高新技术企业是主要的创新源，而能够产生最大创新价值的创新节点往往存在于大学和园区的高新技术企业中。因此合作创新平台上创新节点的合作主要表现为大学和园区高新技术企业之间的研发合作。

知识和技术创新过程是从一个新创意或科学技术的发现（发明）到实践运用并商业化的过程，可以粗略地分为从事基础研究的早期阶段、从事应用研究的中期阶段和产品开发并商业化的晚期阶段（如图5-4所示）。

由于各阶段特点差异较大，所以不同阶段一般由不同的机构或人员来推进。在早期阶段进行基础研究的一般是大学或政府的科研机构，晚期阶段的产品开发和商业化往往由企业来做，而对于中期阶段的应用研究，大学和企业一般都会涉及，因此知识的传递往往发生在这一阶段，所以大学和园区高新技术企业之间的研发合作更多是集中在应用研究领域。

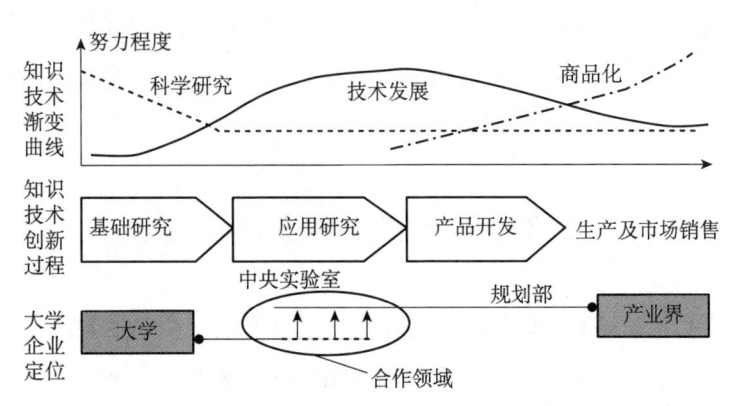

图 5-4　知识和技术创新过程中大学和产业界的定位

5.2.3　自主创新平台

自主创新平台是"三区联动"操作层的发展方向和运行目标，大学、科技园区和行政社区三元参与主体通过资源共享和合作创新产生协同效应，从而提高自身的自主创新能力。

（1）大学。通过与科技园区和行政社区的融合、共享和合作，可以快速获得市场信息，多渠道获得科研经费和科研课题，从而有针对性地进行基础研究的自主创新，提高科研成果产业转化率，并且能够加强创新创业人才的培养。

（2）科技园区。科技园区内的高新技术企业通过与大学的资源共享和创新合作，可以在大学基础研究的基础上，缩短应用研究的时间，降低研发风险。并通过合作研发和在岗培训，提高企业科技人员的科研水平，增强企业应用研究的自主合作研发和在岗培训，提高企业科技人员的科研水平，增强企业应用研究的自主创新能力。

（3）行政社区。大学和科技园区高新技术企业自主创新能力的增强，会带动整个社区人口素质提高、产业结构升级、专利增加、GDP中科技含量增加，以及税收增加、大学生就业，从而进一步繁荣社区的经济文化，增强行政社区的自主创新能力和持续竞争优势。

(4)"三区联动"区域创新平台。大学、科技园区和行政社区自主创新能力的增强,会带动整个"三区联动"区域创新网络形成创新集聚的空间和氛围,并能够吸引更多创新人才、创新企业和创新产业向网络聚集。"三区联动"区域创新网络的辐射能力也相应增强,从而带动城市乃至国家创新能力的增强。

5.3 平台制度层运行机制

"三区联动"制度层运行机制是体现"三区联动"管理思想、管理结构和管理方式的一整套规章制度,其重要作用在于通过制度安排保证操作层运行机制的形成和良性运作。作为一种制度性安排,"三区联动"区域创新平台首先表现为一种组织行为,具有开放性、自主性、非线性以及自适应和自调节等自组织的鲜明特点。"三区联动"制度层运行机制就是通过设计一套科学合理的组织制度来保证"三区联动"的健康高效运作;同时,"三区联动"在运行过程中,又会根据环境的动态变化、平台成员的动态关系以及操作层机制的动态运转情况,不断地调整完善制度层运行机制,使其适应不断变化的动态环境,从而更好地促进"三区联动"区域创新平台的良性发展。

本书认为,"三区联动"制度层运行机制应该设计为包括进入机制、融合机制、激励机制、创新机制、利益分配机制、监督机制和退出机制在内的一整套制度安排。

5.3.1 进入机制

"三区联动"不是一个强制性的制度安排,而是在政府的推动下,大学、科技园区和行政社区基于对彼此的充分了解、沟通、信任、选择,并且有局部项目合作的良好经历和经验,各方有通过互补联合或强强联合提升各自创新能力的强烈愿望,在此基础上组建的区域创新平台。

作为一个组织,组织协议是进入机制的重要内容,也是保证平台组织正常运作的基础。"三区联动"的组织协议是"三区联动"参与各方(大学、科技园区和行政社区）在加入"三区联动"区域创新平台之前通过相互了解、沟通和谈判达成一致，并承诺加入后共同遵守，以促成"三区联动"创新平台构建和运行的框架协议，它是"三区联动"正常运行的重要组织保障。因此，每一个想加入"三区联动"组织的成员，都必须认真学习研究并承诺遵守该组织协议，并通过签字盖章来保证该组织协议具有法律效力和约束力。

组织协议是合作各方实现资源共享、优势互补、合作创新和完善发展所必须共同遵守的规则和约定，它应该包括"三区联动"平台组织的构建目的、方式、原则，参加各方应该承担的责任和享受的权益、平台运行规则、利益分配原则、监督处罚方式、进入和退出条件等尽可能完善、详细的条款，以规范平台成员的活动。组织协议的签署就标志着平台成员的加入以及"三区联动"平台组织的建立。

正如前文所述，即使参与各方达成了严密详细的组织协议，在平台实际运行中也还有可能产生较大风险，这就要依靠参与各方之间建立起来的信任机制来进行软约束。因此，进入机制不仅要包括组织协议的签署和遵守，还要包括合作各方信任机制的建立。合作各方应该基于对彼此的信任，尽最大可能贡献自己的优势资源，这样平台才能真正产生协同效应。所以，只有通过组织协议和信任机制硬软两套约束机制，才能保证"三区联动"运行机制的高效、顺利运作。

5.3.2 融合机制

"三区联动"区域创新平台的构建和运行有赖于大学、科技园区和行政社区的有效沟通和融合。因为"三区融合"是"联动发展"的基础和前提，因此融合机制的设计和执行直接关系到参与各方能否真正彼此信任、资源共享和合作创新。因此，融合机制应包括建立什么样的沟通机制、参与各方应该贡献什么资源、如何融合各自优势以产生最大协同效应等具体措施的设计。

"三区联动"参与各方应该通过积极参加由各方组成的"三区联动"管理委员会定期召开的沟通会，相互交流彼此的动态，探讨进一步深入合作的可能方式。作为"三区联动"的主体以及大学和行政社区之间的桥梁，科技园区可以更多地交流市场动态和科技孵化进度等相关信息；大学作为"三区联动"

的源头，可以更多地交流前沿科学动态和基础研究的进展等；行政社区作为"三区联动"的重要保障，可以更多地交流公共服务的动态以及大学后勤社会化、科技园区后勤社会化的进展。通过定期的正式沟通机制，进一步加深参与各方彼此的了解和信任，为深入合作打下更坚实的基础。

除了正式沟通渠道外，"三区联动"区域创新平台内的非正式交流也是非常必要的，比如特色主题的酒吧、咖啡馆或其他休闲场所，会吸引相关创新创业人员，他们在聚会、聊天中创新创业的信息和想法会发生碰撞、融合，进而迸发出新的思路和想法。这种类似于"硅谷"的"创新空气"或"创新氛围"对于创新创业人员是非常必要的，也会吸引更多的创新创业人才在"三区联动"创新平台内集聚，从而形成"三区联动"独特的创新文化，这种独特的人文文化会将参与各方结合成紧密的统一体。

正式或非正式的互动学习和交流沟通的存在，使得平台内部各个成员的研究开发活动产生知识溢出效应，有形或无形的创新平台在不断的联结中得以强化，并促使平台成员之间更为密切的互动，进而提升"三区联动"个体以及整体的创新水平。

在融合中，参与各方都应该贡献出各自的优势创新资源（如知识、技术、信息、资金、科研设施、科研场所、有利于创新的人文环境等），与其他参与主体共享并团结协作，在向其他成员学习的过程中不断提高自己。参与主体可以通过大学和企业合建实验室、大学和企业联合申报科研课题、企业或社区为大学设立奖学金及实习基地、大学为企业和社区提供培训、社区为大学和科技园区提供后勤保障等多种形式，将各种优势创新资源进行融合和优化整合，进而流向那些能够产生最大创新价值的创新节点，并通过它们紧密结网，形成强大的创新群，使各自以及整个区域科技创新平台的创新能力大大增强。

在各种创新资源的融合流动中，人才的融合和流动是重中之重。大学是一个英才密集的区域，如何实现大学人才向企业和社区流动和融合，将直接影响到整个"三区联动"的融合效果。大学可以改革人事制度，比如允许师生在科技园区创新创业、鼓励科研人员到企业和社区兼职、支持大学生到企业和社区实习、对于进入科技园区创办高新技术企业的教师和科研人员可以办理停薪留职、允许到科技园区从事科技创业的大学生保留若干年学制等，以此促进大学与企业和社区的人才融合。

5.3.3 激励机制

"三区联动"的激励机制就是要对参与主体实施有效激励，使其能够最大限度地发挥积极性、主动性和创造性。作为"三区联动"区域科技创新平台，其激励机制的设计重点应该放在如何激发参与主体更多地贡献优势创新资源，更好地融合、合作、创新，更快地促进平台自主创新能力的增强上。

科技的竞争归根到底是人才的竞争，因此"三区联动"的激励机制实质上就是如何激励"三区联动"区域创新系统内的创新创业人才最大限度地发挥聪明才智的机制。激励机制的设计应当包括鼓励资金、人才、科研设施等向最有价值的创新源进行政策倾斜；通过科学的利益分配制度保证创新者和创新单位的合法收益；对有重大贡献的创新创业人才采用工资、奖金、股权、期权等多种形式给予奖励；明确并保护自主知识产权的归属；正确评估科技股应占有的份额；对自主创新企业和个人给予适当的税收优惠以鼓励科研投入；吸引海外科研人才回国工作；对国内外长期来区工作的优秀科研人才给予住房、子女入学和配偶工作等方面的优惠等。

除了激励创新，还应该建立健全激励保护机制，以保护创新创业人才的创新积极性。通过建立知识产权保护体系、科研成果加速转化激励机制、保护创新创业者合法权益机制等方式来更好地调动创新创业人才的创新积极性和能动性，并吸引更多创新创业人才、创新创业企业在区域内集聚。

5.3.4 创新机制

"三区联动"的创新机制就是通过推动和激励平台（大学、科技园区和行政社区）相互作用、相互融合、相互合作，形成更多更强的创新源，进而组成强大的区域创新源，带动整个城市乃至国家自主创新能力的提高。创新机制和融合机制、激励机制密不可分、互相推动，共同作用于整个"三区联动"运行体系，从而提高整个"三区联动"科技创新平台的运行效率和效益，增强各自以及整体的创新实力。

创新机制体现在制度创新、管理创新、技术创新等多方面。比如，制度创新体现为"三区联动"区域科技创新平台要动态调整制度安排，使其符合创新发展规律和市场经济规律，最大限度地促进创新创业和科技成果产业化。管理创新体现在动态调整以构建更为科学有效、符合创新发展规律的平台管理运行规则，比如实行"小"调整以构建更为科学有效、符合创新发展规律的平台管理运行规则，又比如实行"小机构、大服务"的管理运行机制，更好地为创新创业主体服务。技术创新表现为在模仿创新和集成创新的基础上，不断提高自主创新的比重和水平。

5.3.5 利益分配机制

利益分配机制的设计直接关系到"三区联动"参与主体的合作关系，并决定能否长期合作，因此利益分配机制是制度层的重要机制之一。总之，利益分配机制的设计必须充分考虑保障创新者合法权益，保障知识产权股、创业股、经营管理股同货币资金出资人一样享有平等的收益权和分配权，以更好地刺激区域科技创新稳步、快速发展。

5.3.6 监督机制

有效的监督机制对于保障"三区联动"区域创新平台的运行是非常必要的，因为任何权力都离不开有效的监督和约束。由于"三区联动"将大学、科技园区和行政社区的优势资源进行优化整合，因此如何集中使用人、财、物力，怎样分配利益所得，如何行使各方的合法权益，怎样履行各方的应尽责任等，都需要完善的监督机制加以制约。

"三区联动"的监督机制可以分为内部监督机制和外部监督机制。内部监督机制是指"三区联动"管理委员会可以下设监查部门作为出资人的代表，对"三区联动"法人实体的实际运作、资金使用和利益分配等进行监督；也可以设立专门的投诉渠道，受理有关"三区联动"的矛盾纠纷。外部监督机制主要是依靠政府、社会、媒体舆论的监督作用，来实现对"三区联动"区域科技创新平台的监督管理。

5.3.7 退出机制

"三区联动"是一个开放、动态的区域生态创新系统，随着动态环境的变化而不断地自我适应、自我调整和新陈代谢，因此自愿的退出机制设计对于保障"三区联动"的长期良性运作是非常必要的。"三区联动"的投资主体是多元化的，不仅可以包括大学、科技园区有限责任公司和区政府、市政府，还可以包括科技园区内的企业、各类风险投资公司以及其他资金投入者、科技成果持有者等。这些投资主体可以自愿地通过哪些方式、选择什么时机来实现投资变现，其持有股份应该如何转让等，都应该在"三区联动"退出机制中详细规定。

风险投资是高新技术产业发展的主要动力，其资金来源主要是国家政策性补贴、银行低息或无息贷款、风险投资公司的投资、风险企业创办者自身的资金、各种资助、引进外资等。风险投资一般都是在高新技术产业化的特定阶段起作用的中、短期行为，它们一般在科技企业家运用自己的技术、少量的资金使新设想粗具雏形时介入。当产品进入稳定生产后，则高价转让股权退出，转而寻找新的生长点。因此，退出机制设计时要特别考虑风险投资的退出机制，保证其退出不会影响到"三区联动"的正常有序运作。

总之，进入机制、融合机制、激励机制、创新机制、利益分配机制、监督机制和退出机制是紧密配合、互相作用的一整套制度安排，通过这一整套制度安排，来推动并保障"三区联动"操作层运行机制的良性运作。同时，制度层运行机制又是动态开放的，可以根据操作层的实际运作情况和外部政策、环境的变化及时调整完善。操作层和制度层运行机制的密切配合和相互作用有力地保障了"三区联动"区域创新组织的自我适应、自我调整、自我完善，推动创新源不断涌现和强化，从而不断提升平台个体和整体的自主创新能力，并带动城市和国家创新能力的增强。

5.4 本章小结

运行机制是指一个组织的整体及部分之间相互作用的过程和方式，它是制度框架内的组织和行为的规则和方式。因为"三区联动"属于中观层面的区域科技创新平台，它是由平台中的各创新主体（主要是大学和科技园区内的高新技术企业）综合利用各种创新资源和支撑体系（主要由行政社区提供）

所形成的共有的创新结构和制度性安排。因此，本章重点分析区域科技创新服务平台的运行机制如何运作，如何增强各主体的创新能力，进而促进生产力的发展。

本章首先分析了"三区联动"区域科技创新平台运行机制的基本原则，认为"三区联动"区域创新平台的运行机制应该是基于组织协议和信任机制保障的，引入市场化运作方式、提高网络运营效率的，对内开放、资源共享的，与社区联系紧密、根植性更强的，对外辐射、多方共赢的，这样才能保证"三区联动"运行机制的高效运转。

然后分析了"三区联动"运行机制的设计必须能够保证"三区"真正实现有效融合、联动发展，从而达到提升自主创新能力的目的。基于这个目标，对"三区联动"的运行机制进行了创新性构建，认为可以分为有机配合、互相促进的操作层和制度层两个层面，并创新性地构建了"三区联动"区域科技创新平台运行机制模型，清楚地揭示了操作层和制度层两个层面以及各个子平台的运行机理。

操作层是"三区联动"创新平台的具体运作方式，主要包括三个依次递进的子平台，分别是资源共享平台、合作创新平台和自主创新平台，以达到"三区联动"区域创新平台自主创新能力的增强。然后通过辐射、汲取和结网，将"三区联动"区域创新平台与区域（城市）创新系统和国家创新系统进行对接，有力推动区域和国家自主技术创新能力的增强。

操作层面运行机制的有序和高效运转，离不开制度层面的支持和保障，在制度层面运行机制中，逐个分析了包括进入机制、融合机制、激励机制、创新机制、利益分配机制、监督机制和退出机制在内的一整套制度安排，并且认为设计完善、严密的制度层运行机制可以有力保证和促进操作层运行机制的运转，达到提高自主创新能力的目的。同时，操作层运行机制在实际运行中，也可以发现现有制度层运行机制存在的问题，推动制度层运行机制不断修改完善。操作层和制度层运行机制的有机配合和相互促进，会大大推动整个"三区联动"运行机制的自我完善和良性发展。

第6章

基于平衡计分卡的科技创新公共服务平台绩效评价

平衡计分卡最初诞生于对企业绩效管理的研究中，因此要将其应用于非企业领域的公共服务平台，就需要对平衡计分卡的思想进行进一步梳理，并对平衡计分卡在科技创新公共服务平台绩效管理运用的适用性及可行性等方面进行系统研究。

6.1 平衡计分卡的基本思想

平衡计分卡是由美国罗伯特·卡普兰教授和大卫·诺顿创建的，1992年，他们将平衡计分卡的研究成果在《哈佛商业评论》上进行了总结。平衡计分卡是一种全新的绩效管理方法。这种方法立足于顾客需求，以组织的长远发展战略为核心，并根据组织的所有信息进行绩效考核。平衡计分卡强调全员管理、全程参与，其基本要素主要包括观察组织和分析战略的角度、组织战略分流出的关键战略目标、衡量组织战略目标实现结果的定性或定量的尺度、对于期望获得的绩效目标的具体要求以及执行战略行动方案过程中的特定行为等。

与以往采取业绩进行绩效评价不同的是，平衡计分卡通过采用能够衡量未来业绩的正向影响因素指标，解决了过去仅采用以往业绩作为考量指标的问题。在平衡计分卡的思想中，目标和指标都来源于组织的愿景和战略，并从财务、客户、内部流程、学习与成长四个层面来实现组织的业绩考察，这四个层面也因此构成平衡计分卡的框架，其基本框架如图6-1所示。

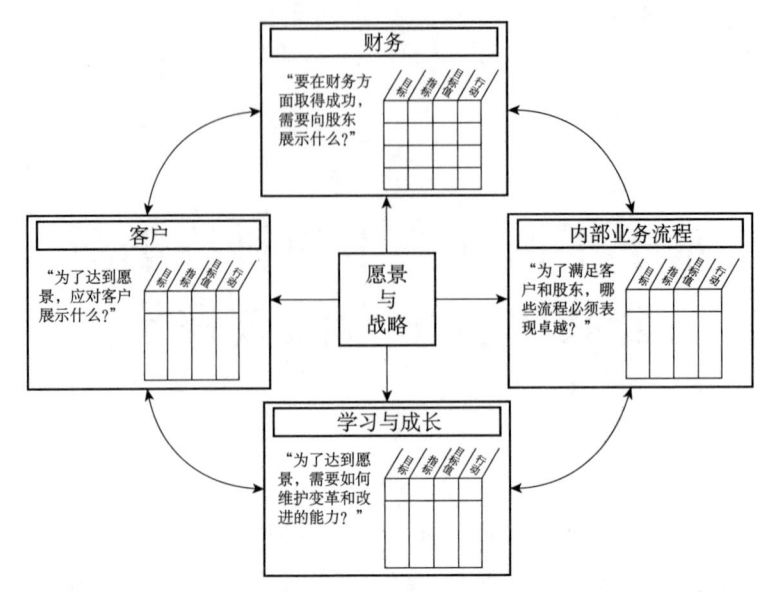

```
                    ┌─────────────────┐
                    │      财务       │
                    │ "要在财务方     │
                    │  面取得成功,    │
                    │  需要向股东     │
                    │  展示什么?"     │
                    └─────────────────┘
```

图6-1中的四个维度框架：财务、客户、内部业务流程、学习与成长，围绕"愿景与战略"展开。

- **客户**："为了达到愿景,应对客户展示什么?"
- **内部业务流程**："为了满足客户和股东,哪些流程必须表现卓越?"
- **学习与成长**："为了达到愿景,需要如何维护变革和改进的能力?"

图6-1 企业平衡计分卡框架

财务维度体现的是企业的经营绩效，反映出企业的战略在执行与实施后对于企业的盈利状况是否有利。通常来说，能否实现财务目标与企业获得收益的能力有着密切关系，用来衡量企业获得收益能力的指标主要包含经济附加值、资本报酬率等。

客户维度主要体现的是在面对外部环境改变时，企业是否能够迅速适应并做出反应以期达到愿景，以便实现良好的回报。在客户维度的评价中，通常采用的评价指标包括顾客满意程度、企业在市场上的占有率等。

内部业务流程维度，首先要立足于股东和客户的角度，找出对其实现目标的至关重要环节。这一维度也体现出传统业绩衡量系统与平衡计分卡的巨大区别。满足客户的实际需求和股东对组织的战略是平衡计分卡内部业务流程维度的目标及指标来源。

学习与成长维度是指驱动组织学习和成长所设计的目标和指标。在前面三个维度中确定了组织为了获得突破性的成就需要在哪些方面有所突出表现，而学习与成长维度中所设定的指标是为实现前三个维度中获得突出成果的驱动因素。

纵观平衡计分卡中这四个维度可以得出：财务是目的，内部业务流程是重点，客户是关键，学习成长是核心。正是因为这四者之间的内在关系，使得平衡计分卡达到一种平衡进而得以建立。作为一种全新的绩效管理工具，平衡计分卡将各个维度中的关键因素转换成一套特定且可量化的指标，并根据指标的实际完成情况来检验组织中的运行绩效。正因如此，平衡计分卡也被认为是世界上影响力最大的管理工具。

6.2 平衡计分卡应用于平台绩效评价的适用性

区域科技创新公共服务平台不同于企业组织，其功能定位使其既具有公共部门的公益性和服务性，又具有企业的营利性特征，因此对于科技创新公共服务平台的绩效评价不仅需要重视财务角度，还需重视非财务角度，以期平衡兼顾营利性和公益性。首先，区域科技创新公共服务平台所提供的科技创新服务其经济绩效在短期内不易显现，因此在考察中也要平衡兼顾长期目标和短期目标。其次，区域科技创新公共服务平台与生俱有准公共部门性质，这类部门的绩效评估目的不在于进行简单的奖惩，而应该是为了促进改革，所以针对此类创新服务平台的绩效管理要具有战略性，以战略为标准推动平台进行变革，提升平台的长远发展能力。最后，鉴于区域科技创新公共服务平台目的在于提升区域内经济社会对科技创新能力的要求，故而在针对平台运行绩效的管理中要以政府、企业以及科研机构作为客户维度的内容，在指标设定中要包含满足客户需求所必需的关键部门，如服务质量、项目成果、顾客满意程度等。因此，对于科技创新公共服务平台的绩效评价需要解决科技创新公共服务平台多重目标的问题，并充分发挥其以价值导向为指引，促进平台可持续发展，满足科研院所和企业需求。

作为以客户需求为立足点的战略管理工具，平衡计分卡要求将绩效指标的设计落实到组织的战略与使命当中，并明确提出绩效评价指标体系。简而言之，区域科技创新公共服务平台运行绩效评价中的多重价值取向平衡的要求与平衡计分卡的平衡视角相契合，使得针对科技创新公共服务平台的绩效管理采用平衡计分卡方法具有适应性、可行性和可操作性。借鉴此新型战略管理工具对科技创新公共服务平台进行绩效评价，可以将不可具体量化的战略目标转换为具体可行的指标，以此可有效地评测科技创新公共服务平台运行的绩效。

6.3 基于平衡计分卡的科技创新公共服务平台绩效评价指标体系

6.3.1 对企业平衡计分卡进行调整的必要性

由于平衡计分卡最早诞生于对企业的绩效管理研究中，其应用场景也主要在企业环境中，故而其最初思想和指标体系设计均是基于企业管理环境。这便使得具有非营利性特征的区域科技创新公共服务平台在运用平衡计分卡进行绩效评估时，必然会与企业有所差别。这些差别主要体现在以下方面。

（1）战略定位不同。在企业中，其战略定位始终离不开追求经济利润最大化这一目标，因此无论如何设定企业战略框架都无法避开这一战略框架。而对于区域科技创新公共服务平台而言，其使命在于满足区域内经济社会发展对于提升区域科技创新能力的需求，主要功能是促进知识的生产、转移和运用。

（2）财务经费不同。在企业内，各项经费主要来源于企业各项投入与经营生产利润，而区域科技创新公共服务平台的建设与运行经费一部分来源于政府财政投入，另一部分来自企业以及科研院所的经费。

（3）运行环境不同。科技创新公共服务平台不同于企业生产的产品，在平台上主要是进行知识的传播和运用，在这种情况下就很容易发生侵权行为，导致出现外部性等现象。这就需要通过加强对知识产权的保护，防范科技创新的风险，因此平台内部的运营管理就显得尤为重要。

鉴于以上一系列企业与区域科技创新公共服务平台的差异性，将平衡计分卡应用于区域科技创新公共服务平台的绩效管理时不能照搬传统企业平衡计分卡的原有构建，而应根据平台自身的长远战略规划，科学合理地修正评估维度及指标体系，重塑平衡计分卡框架。

6.3.2 基于平衡卡的区域科技创新公共服务平台绩效评价体系框架

鉴于区域科技创新公共服务平台的发展方向是建设能够以科技创新推动经

济社会发展的平台,在追求经济效益之外,还要实现社会效益,发挥科技创新对经济社会的引领作用。因此,在引入平衡计分卡对区域科技创新公共服务平台进行运行绩效评估时应将原有四个维度进行修正:将原来的财务维度下设的二级指标分解为科技成果产出与平台运营成本,再加上内部管理维度、客户维度以及学习与成长维度,共同构成四维结构的平台绩效管理平衡记分卡模型,并通过各个维度之间的内在关系,达到组织既定目标。其平衡计分卡模型如图6-2所示。

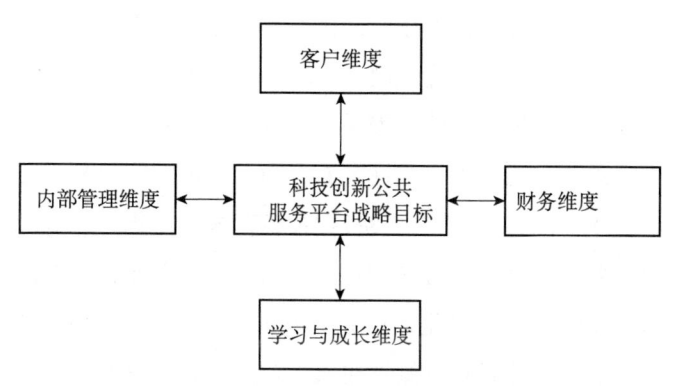

图6-2 区域科技创新公共服务平台平衡计分卡框架

(1) 客户维度。科技创新公共服务平台与企业的最显著区别在于:支持企业生存发展的根本是其源源不断地从市场获得的经济利益。所以在企业中实施平衡计分卡时就必须将企业最关心、最重要也是最根本的财务维度指标放在最先考虑当中,其所占的比重也是最大的。但与之不同的是,公共服务平台具有公益性、中介性、服务性等特征,因此在本书中,我们将"客户维度"放在首位。这种设计的目的与其准公共品的性质相吻合。简单来说,客户维度的关注重点在于提高平台服务质量、提升客户满意程度。

(2) 财务维度。将财务维度放在绩效评估的第二个维度是基于平台战略导向,这是引入服务平台平衡计分卡的重要变化之一。这一指标的设定与区域科技创新公共服务平台的本质具有密切关联,目的在于促进平台上的科研机构利用平台资源生产出更多企业或其他组织所需的科技成果。在此维度中,平台的考核指标可细分为科技产出和运营成本两个方面,在设计中既包括科技论文与专著发表数、技术市场成交合同数与合同额等科技产出指标,还包括运营成本中的其他指标,运营成本也是平台运营日常工作中需要重点关注的项目之一。在公共服务平台的平衡计分卡框架中,运营成本维度是在原有财务维度中,根据科技创新公共服务平台在运行过程中提升平台运行效率、降低平台运行成本的要求所设立的二级指标。运营成本指标直接支撑平台内部管理维度。具体而言,运营成本可以定义为服务平台在运营管理以及对外服务过程中的全部支出。

(3) 内部管理维度。对于公共服务平台而言,内部管理维度是绩效评价体系中的重要组成维度,其管理核心是提升平台运行效率。一方面,良好的客户满意度需要平台运营方不断优化内部管理作为基础。因此,在平台的内部管理运营中,平台工作人员需要始终秉承服务意识、效率意识,为科技产出维度和客户维度提供强有力的支撑。另一方面,内部管理的优化又需要学习与成长维度和运营成本维度二者的支撑,通过把控运营成本优化人力资源配置,提高平台内部综合能力需依赖于学习和成长维度的发展,以便让内部流程维度不断得到优化,实现最优目标。因此,在关于内部管理维度的制定和优化过程中,需要将其他几个维度综合起来,侧重在人力资源配置等方面。

(4) 学习与成长维度。在公共服务平台平衡计分卡框架中,学习与成长维度处于最低层次,但并不代表这一维度在平衡计分卡框架中不重要。在服务平台平衡计分下框架的五个维度中,内部管理流程能否得以优化、运行成本是否能够得到精简、科技产出是否能够有所提升、平台用户是否能够提升满意度均与这一维度密切有关。在这个维度的考核中,以下几点需要格外关注。首先,在技能方面,工作技能对于平台工作人员来说是最基本的要求,特别是在一些专业性强的岗位上,需要对所属领域内的专业知识有所了解。其次,在当今信息化时代,平台工作人员对于信息技术的掌握和现代工具的掌握有益于其更好地开展工作,特别是作为科技创新公共服务平台的运营方,必须强化平台信息融合。最后,在平台组织内部,良好的组织文化对于平台工作人员具有重要的影响,主要体现在对工作人员的正向激励作用,促进个人绩效提升,从而实现平台战略的顺利达成。

总体来看,基于平衡计分卡的区域科技创新公共服务平台运行的绩效评价所划分的几个维度所属层级和各自关系各不相同。平台的科技产出维度依旧是绩效考评的核心。客户维度是对平台运行的综合业绩与外部形象的社会评价，也是平台服务职能的现实体现。内部管理维度是以平台内部运行效率优化为目标并实现全部维度整合的考评体系的中枢维度。平台运营成本维度是新增的维度，是具有独立评估价值的考核维度。学习与成长维度则是从平台的发展角度用于考核组织长期管理质量的又一维度。

6.3.3 平台绩效评价指标体系构建原则

科技创新公共服务平台绩效评价指标是用于测量绩效表现的具体方案，要使测量结果真实有效并全面体现平台绩效管理水平，就必须在遵循一定原则的前提下进行指标设计。目前，用于指标构建的主流原则大致有两种：一种是以有效性、经济性、效率性与公平性为核心的4E标准原则；另一种则是以明确性、衡量性、可实现性、相关性与时限性组成的SMART原则。除了需要遵守这两种普适原则外，在针对科技创新公共服务平台进行指标设计时还要遵守以下原则。

（1）公共性原则。传统以企业为主的平衡计分卡体系，强调对外部维度的关注，要求企业把握市场动向，实现经济利益。而科技创新公共服务与之不同，其服务对象通常为某类社会群体，具有一定的非营利和公益性特征。

（2）客观公平性原则。在绩效评价指标体系中，公平性原则大致包含两层含义：其一是在构建指标体系时要求所设指标能够在现有条件下顺利获取，进而体现指标体系本身的客观性。其二是指标的设计需要剔除能够影响评价结果的不可控影响因素，要坚持全面、合理、公平，才能确保评估结果的整体公平合理。

（3）目标一致性原则。目标一致性是将指标体系、组织的目标和个人的目标联系在一起，使三者具有内在的一致性。因此，在评价指标体系的设计中要以总体战略目标为起点，并通过各个层次的分目标具体实现，即需要各级指标在相互独立的前提下达成目标一致。

6.3.4 基于平衡计分卡的区域科技创新公共服务平台绩效指标体系

综上所述，以相关学者对此类平台的绩效评价研究为基础，本书制定出基于平衡计分卡的区域科技创新公共服务平台绩效评价指标体系（见表6-1）。

表6-1　基于平衡计分卡的区域科技创新公共服务平台绩效评价指标体系

一级指标 ($A_1 - A_4$)	权重	二级指标 ($B_1 - B_8$)	权重	三级指标 ($C_1 - C_{20}$)	权重
客户维度指标 (A_1)	W_1	平台用户认可度 (B_1)	W_{11}	企业对平台使用的满意度 (C_1)	W_{111}
				科研机构对平台使用的满意度 (C_2)	W_{112}
		平台用户相关利益产出 (B_2)	W_{12}	平台给企业带来的效益 (C_3)	W_{121}
				平台给科研院所实现的成果转化程度 (C_4)	W_{122}
财务维度指标 (A_2)	W_2	平台投入 (B_3)	W_{21}	平台上科技活动人员数 (C_5)	W_{211}
				平台科技投融资水平 (C_6)	W_{212}
		科技产出 (B_4)	W_{22}	论文与专著数 (C_7)	W_{221}
				省级以上科技奖励 (C_8)	W_{222}
				技术市场交易额 (C_9)	W_{223}
内部管理维度指标 (A_3)	W_3	外部合作状况 (B_5)	W_{31}	平台成果转化率 (C_{10})	W_{311}
				平台承担省部级以上课题数 (C_{11})	W_{312}
				平台纳入研究机构数 (C_{12})	W_{313}
		运行制度保障 (B_6)	W_{32}	平台知识产权保护机制完善程度 (C_{13})	W_{321}
				平台机关政策法规完善程度 (C_{14})	W_{322}
学习与成长维度指标 (A_4)	W_4	平台建设 (B_7)	W_{41}	平台信息化建设水平 (C_{15})	W_{411}
				平台功能完备程度 (C_{16})	W_{412}
		员工素能 (B_8)	W_{42}	平台中科技人员中科学家和工程师比例 (C_{17})	W_{421}
				平台中员工满意度 (C_{18})	W_{422}
				平台中员工培训次数 (C_{19})	W_{423}
				平台中员工对关键岗位的胜任能力 (C_{20})	W_{424}

6.3.5　指标解释说明

（1）平台用户认可度。平台提供的服务主要面向两类客户，分别为企业用户和科研机构用户。要获得用户对于平台的认可程度，可以通过用户对平台使用的满意度来获取。企业对平台使用的满意度，指平台中的企业用户对平台提供的各类服务或产品的期望与使用后的实际感受形成的相对关系。科研机构对平台使用的满意度是指平台中的科研机构对平台提供的各类服务或产品期望与使用后的实际感受形成的相对关系。

（2）平台用户相关利益产出。鉴于平台面向的主要用户为企业和科研机构，在用户相关利益产出指标下细分为平台给企业带来的效益和平台给科研院所实现的成果转化程度两项。其中，平台给企业带来的效益是指企业在使用平台所提供的服务或产品后给企业自身带来的各项收益，而平台给科研院所实现的成果转化程度是指科研机构利用平台将自身科研成果实现产业化的比例或程度。

（3）平台投入。平台投入分为资金投入和人才投入两个方面，具体指标为平台上科技活动人员数和平台科技投融资水平。平台上科技活动人员数指当前平台的各类机构中实际参加研发项目（课题）的活动人员数量。平台科技投融资水平是指企业或科研机构为实现未来发展而引入各方资金的能力。

（4）科技产出。根据科技创新公共服务平台特性，在科技产出方面将其细分为论文与专著数、省级以上科技奖励和技术市场交易额三项指标。论文与专著数指依托于平台的论文与专著的产出数量。省级以上科技奖励指由各省、自治区、直辖市人民政府颁发的科学技术奖励，包括技术发明奖、科技进步奖等。技术市场交易额并不是指在交易合同中的交易金额，而是指在合同中确定为技术交易的金额。

（5）外部合作状况。外部合作状况指标可细分为平台成果转化率、平台承担省部级以上课题数和平台纳入研究机构数。平台成果转化率是指科研机构利用平台实现的科研成果进行的后续推广、应用的数量占全部科研成果的比值。平台承担省部级以上课题数是指平台中的科研机构承接的省级以上行政部门或国家部委等单位依据国家科研计划制定的资金来源于国家财政计划的科研项目数量。平台纳入研究机构数指平台中的科研机构数量。

（6）运行制度保障。运行制度保障指标下更多的是涉及有关知识产权的政策法规的内容，具体可以分为平台知识产权保护机制完善程度、平台相关政策法规完善程度。平台知识产权保护机制完善程度是指平台在知识产权保护中立法、司法、执法以及知识产权纠纷处理流程的完备程度。平台相关政策法规完善程度是指为保障平台和平台用户稳定有序发展而制定的政策法规的数量和质量。

（7）平台建设。平台建设指标包括平台信息化建设水平和平台功能完备程度。平台信息化建设水平是指利用现代信息技术进行平台建设的水平，包括利用计算机技术等。平台功能完备程度是指平台给用户提供的各类功能的完善程度，包括技术咨询服务、科技奖励服务成果转换服务等。

（8）员工素能。员工素能指标可分为平台中科技人员的科学家和工程师比例、平台中员工满意度、平台中员工培训次数、平台中员工对关键岗位的胜任能力四项。平台中科技人员的科学家和工程师比例是指平台中参与科研项目（课题）的研究人员占平台全部员工的比重。平台中员工满意度是指平台中的工作人员对于工作环境和平台自身的满意程度。平台中员工培训次数是指为提升平台员工工作能力而对员工进行的理论培训、技能培训等各类培训活动的次数。平台中员工对关键岗位的胜任能力是指在平台关键岗位上的员工对此岗位的把控能力。

6.3.6 区域科技创新公共服务平台绩效管理指标权重

构建好区域科技创新公共服务平台绩效管理指标体系之后，接下来需要对各维度的指标进行权重测量。科学测算不同维度的影响因素对于组织绩效管理具有重要影响，也是确保绩效指标科学的重要环节。

当前，学者们主要用主观经验法、调研加权法和层次分析法等来分析绩效权重。主观经验法更多的是运用评估方原有的经验对评估指标进行主观加权的方法；调研加权法是在绩效评估指标独立赋值的基础上由评估专家针对各项指标进行加权处理，再取各指标权数的平均值作为最终权重指数；层次分析法的思路是先将绩效评估体系划分为多个维度，然后再对各维度进行细分，并以此为基础两两比较下层指标对于上层指标的相对重要性，紧接着利用判别矩阵进行数据处理，最后求出各指标的权重系数。由于前两种权重测量方法主观性较强，容易造成统计数据失真，从而导致权重测算不合理；而层次分析法是将定量与定性结合,因此其能够较为准确地测算出每个层次的相对权重,最终取得较为完整的绩效评估权重体系。相比前两种权重测量方法更为科学,所以本书采用的是层次分析法对各个指标进行测算。

(1)层次分析法的主要思路。在采用层次分析法进行绩效评估时,首先要根据需要解决的问题将各类因素进行分类,再将各因素进行分层,进而得出有阶层顺序的模型,然后对比分析各阶层的影响因素,分析出其中影响比较大的因素,再根据科学的方法对相关因素进行排序,然后用相关数学方法计算出高层次对于最底层的重要影响因素的组合的加权值,并以定量的形式进行排列。其实施流程如图6-3所示。

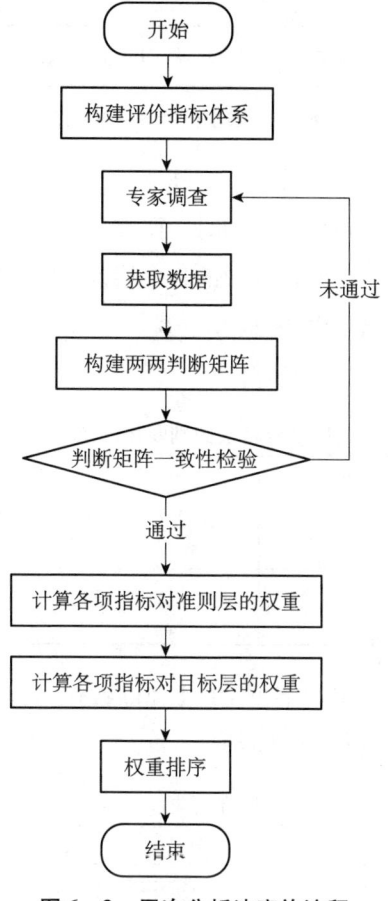

图6-3 层次分析法实施流程

（2）层次分析法的步骤。在使用层次分析法分析研究问题时，通常要按照以下四个步骤进行。

首先，对问题进行分层处理，使之形成有序结构。根据影响问题的各个因素按照其影响的重要性进行排列，将影响程度最大的一类放在最高层，以此类推。每一类都作为矩阵的一层将其有序排列，如图6-4所示。

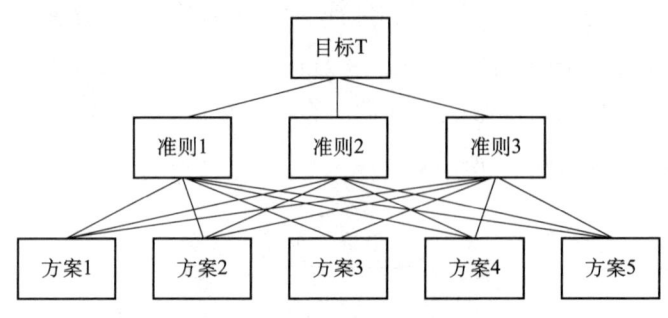

图6-4 层次分析法指标层级

其次，根据所分层次将各因素以矩阵形式排列。对比矩阵的相邻两层，在比较两层对应因素间相对重要性的同时，研究两层指标因素对上层问题的影响程度。在这一步的操作中，对矩阵中的各个层级进行判断是关键。假设在第一层中因素 A_k 与处于第二层中的因素 B_1，B_2，…，B_n 存在联系，则可根据此关系构造出如表6-2所示的判断矩阵。

表6-2　　　　　　层次分析法的判断矩阵示例

A_k	B_1	B_2	…	B_n
B_1	b_{11}	b_{12}	…	b_{n1}
B_2	b_{21}		…	
⋮	⋮	⋮	…	⋮
B_n	b_{n1}	b_{n2}	…	b_{nn}

在判断矩阵中，通常用数字1~9及其倒数作为标度来表示矩阵中的 b_{ij}。这些标度的数字含义如表6-3所示。

表6-3　　　　　　　各标度对应的含义

标度	含义
$b_{ij}=1$	表示因素 i 与 j 重要性相同
$b_{ij}=3$	表示因素 i 比 j 相对来说重要

续表

标度	含义
$b_{ij}=5$	表示因素 i 比 j 明显重要
$b_{ij}=7$	表示因素 i 比 j 重要得多
$b_{ij}=9$	表示因素 i 绝对比 j 重要得多
$b_{ij}=2,4,6,8$	表示介于以上上下两层之间
倒数	若因素 i 与 j 的重要性之比是 b_{ij}，则因素 j 与因素 i 的重要性之比为 b_{ji}

再次，对权重进行确定并进行一致性检验。要确定各层次指标的权重可通过计算矩阵的特征向量得出。但为了确保矩阵排列的正确，还需进行一致性检验操作，以便能够得出客观准确且科学合理的分析结果。

最后，对各层次组合权重进行计算。在对各层次的组合权重计算时，是对各层的权重取加权和计算出最终结果。

第7章

江西省科技创新服务平台优化实证分析

7.1 科技创新平台发展现状分析

7.1.1 江西省科技创新平台建设基本情况

江西省作为中部欠发达地区，科技基础条件相对落后，科技创新平台建设起步较晚，但随着江西省创新环境的日益改善，为省内科技创新平台建设提供了较好的外部环境。自开始筹建平台以来，现已初具规模。截至2018年，江西省全省已建成各类科技创新平台1146个，全年受理专利申请86001件，授权专利52819件，签订技术合同3024项，技术市场合同成交金额115.8亿元。江西省科技创新平台主要围绕新一代信息技术、食品药品、光电、植物生物、稀土等传统产业升级的重点领域建立了重点实验室、工程技术中心、工程研究中心、工程实验室等相关平台，在满足企业技术需求、解决产业科技难题突破关键技术、促进科技成果产业化中发挥着重要作用，并按照"建设一个平台、服务一个产业、覆盖一片区域"的思路，向社会开放、向企业开放，推进科技创新平台的共商共建共享，为全省科技创新资源分享奠定坚实基础。

7.1.1.1 江西省科技创新平台主要类型

科技创新平台是江西省科技创新体系建设必不可少的部分，是贯彻落实国家创新驱动发展战略的重要举措。根据江西省科技厅对江西省的科技创新平台的分类，根据所属系列不同把科技创新平台分为重点实验室、工程技术研究中心，工程实验室、工程研究中心，如图7-1所示。

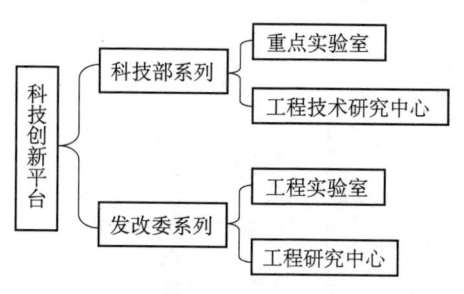

图7-1 江西省科技创新平台类型

以上四种类型科技创新平台基本是以企业、高校或科研院所等具有创新能力的机构为依托而建立的研发实体。建设的主要目的都是根据某一领域创新需求和根据建设创新型国家和产业结构优化升级的战略需求而开展创新活动，同时兼具培养人才、整合社会资源和提供科技服务等多项功能，以提高区域自主创新能力，服务省内中小企业和促进江西省经济发展。

7.1.1.2 江西省科技创新平台建设现状

截至2018年，江西省有国家级科技创新平台15家，其中，国家重点实验室5家（见表7-1）、国家工程技术研究中心8家（见表7-2）、国家工程实验室和国家工程研究中心各1家。省级科技创新平台共有527家，其中，省级实验室169家，省级工程研究中心358家。

表7-1　　　江西省国家重点实验室名单（截至2018年）

序号	名称	依托单位	主管部门	批准时间
1	食品科学与技术国家重点实验室	江南大学 南昌大学	省教育厅	2007年
2	省部共建猪遗传改良与养殖技术国家重点实验室	江西农业大学	省科技厅	2014年
3	创新药物与高效节能降耗制药设备国家重点实验室	江西江中制药（集团）有限责任公司 江西本草天工科技有限责任公司	省科技厅	2015年
4	创新天然药物与中药注射剂国家重点实验室	江西青峰药业有限公司	赣州市科技局	2015年
5	省部共建核资源与环境重点实验室	东华理工大学	省科技厅	2018年

资料来源：江西省科技厅。

表7-2 江西省国家工程研究中心名单（截至2018年）

序号	名称	依托单位	主管部门	批准时间
1	国家日用及建筑陶瓷工程技术研究中心	景德镇陶瓷大学	省教育厅 景德镇科技局	2003年
2	国家铜冶炼及加工工程技术研究中心	江西铜业集团有限公司	省国资委	2009年
3	国家光伏工程技术研究中心	江西赛维LDK太阳能高科技有限公司	新余市科技局	2009年
4	国家硅基LED工程技术研究中心	南昌大学	省教育厅	2011年
5	国家红壤改良工程技术研究中心	江西省农业科学院 江西省红壤研究所 中国科学院红壤生态实验站	省农科院	2011年
6	国家单糖化学合成工程技术研究中心	江西师范大学	省教育厅	2012年
7	国家离子型稀土资源高效开发利用工程技术研究中心	赣州稀土集团有限公司 赣州有色冶金研究院 江西理工大学	江西钨业集团有限公司	2013年
8	国家脐橙工程技术研究中心	赣南师范大学	省教育厅 赣州市科技局	2013年

资料来源：江西省科技厅。

依托国家级和省级科技创新平台，江西省在科技创新领域取得的成果不胜枚举，如国家硅基LED工程技术研究中心成功研发出了硅衬底高光效GaN（氮化镓）基蓝色发光二极管，该技术的问世打破了中国在LED核心技术上长期受美、日牵制的局面，我国也因此成为美、日之后的第三个拥有蓝光LED自主知识产权技术的国家。该工程中心也因此获得了江西省首个国家技术发明一等奖，实现了江西省在国家技术发明一等奖上零的突破。另外，创新天然药物与中药注射剂国家重点实验室参与完成的"基于整体观的中药方剂现代研究关键技术的建立及其应用"项目获得2018年度国家科学技术进步奖二等奖。此外，其他重点实验室和工程研究中心也获得了诸多科技成果和科技奖励，并实现了科技成果产业化，推进了江西省相关产业的发展，如食品科学与技术国家重点实验室研发出的益生菌发酵果蔬技术，实现了益生菌的果蔬发酵产业化。近年来，国家级和省级科技创新平台的建设极大地推动了江西省自主创新能力的提升。

7.1.2 江西省科技创新平台的分布情况

经过多年的建设和发展，江西省科技创新平台已经成为江西省科技创新体系中不可分割的一部分，平台的布局对区域创新体系的建设和经济发展都具有重要的影响。江西省科技创新平台主要以重点实验室和工程研究中心为主，因此，本书对江西省科技创新平台布局问题研究主要以省级及以上重点实验室和工程研究中心两类平台布局为分析对象，从平台成立时间、依托单位和地域分布角度来分析江西省科技创新平台的分布情况。

7.1.2.1 成立时间分布

截至 2018 年，江西省共有省级及以上重点实验室 174 家，其中 5 家国家重点实验室，江西省重点实验室的成立大致经历了三个阶段（如图 7-2 所示）。第一阶段 2000~2005 年为起步阶段，6 年内共成立了 34 家实验室，平均每年成立 5.7 家；第二阶段 2006~2009 年为低谷阶段，4 年仅成立了 5 家，2006 年没有成立 1 家，平均每年成立 1 家多；第三阶段 2010~2018 年为实验室成立的高潮阶段，每年实验室的成立都在 10 家以上，平均每年成立 15 家，重点实验室总体数量在不断增加。

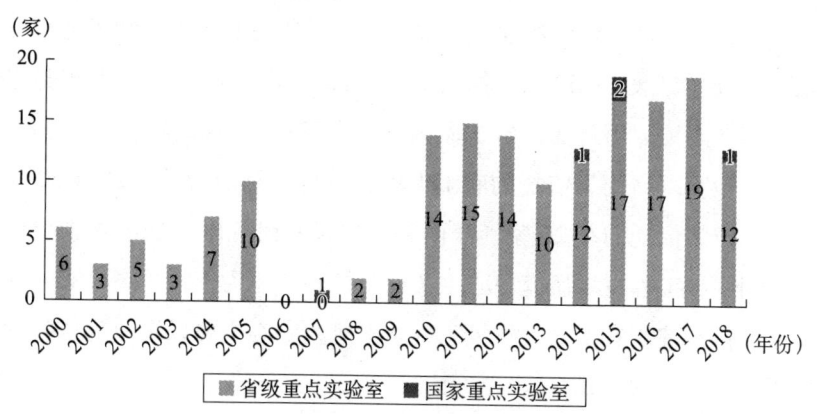

图 7-2 江西省重点实验室每年新增数量

资料来源：《江西统计年鉴（2019）》。

江西省省级及以上工程技术研究中心366家，其中国家级8家，江西省工程技术研究中心的成立也大致经历了三个阶段（如图7-3所示）。2008年及以前为组建阶段，每年成立数量较少，平均每年仅成立5.3家，而且2006年没有成立1家；2009~2013年为发展阶段，每年新增平台数量都在递增，平均每年成立12.6家；2014~2018年为爆发阶段，每年成立数量都在40家以上，其中2014年和2018年新增数量超过了60家，这个阶段江西省工程技术研究中心组建十分迅速，平台总体数量也在不断激增。

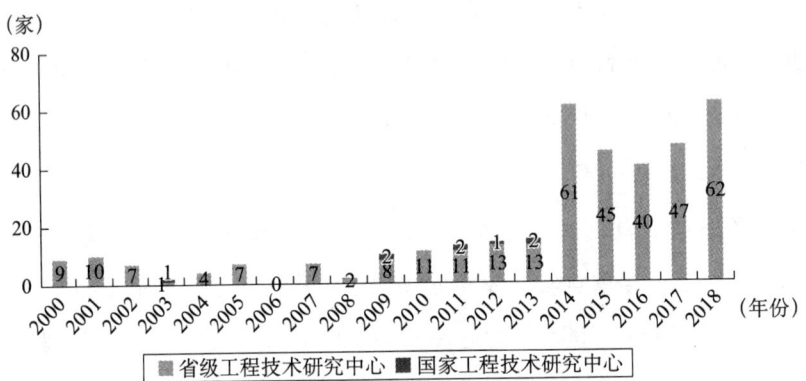

图7-3 江西省工程技术研究中心每年新增数量

资料来源：《江西统计年鉴（2019）》。

7.1.2.2 依托单位分布

江西省科技创新平台的组建主要以高校、科研院所、企业和其他事业单位等为依托单位（见表7-3）。根据表7-3可以看出，江西省重点实验室的组建集中分布在高校，而且江西省5家国家重点实验室以高校为依托的有3家，省级重点实验室以高校为依托的有111家、以科研院所为依托的有20家、以其他事业单位为依托的有26家。江西省工程技术研究中心的组建主要以企业为依托，国家级工程技术研究中心主要以高校和企业为依托，高校有4家、企业有3家、科研院所有1家；省级工程技术研究中心主要以企业为依托，而且所占比重较大，总共有276家。

表7-3　江西省重点实验室和工程技术研究中心分布情况（截至2018年）

单位：家

类型	级别	依托单位	数量	总量
江西省重点实验室	国家级	高校	3	5
		科研院所	2	
		企业	0	
		其他事业单位	0	
	省级	高校	111	169
		科研院所	20	
		企业	12	
		其他事业单位	26	
江西省工程技术研究中心	国家级	高校	4	8
		科研院所	1	
		企业	3	
		其他事业单位	0	
	省级	高校	33	358
		科研院所	31	
		企业	276	
		其他事业单位	18	

注：由多个单位合作成立的重点实验室或工程技术研究中心依托单位按第一单位性质计算。
资料来源：根据江西省科技厅公开数据整理所得。

根据表7-3数据可知，江西省重点实验室主要分布在高校，占比65%，其次是其他事业单位，占比15%，科研院所占比13%，企业占比7%（如图7-4所示）。江西省工程技术研究中心主要分布在企业，占比76%，其次是高校，占10%，科研院所占9%，其他事业单位占5%（如图7-5所示）。

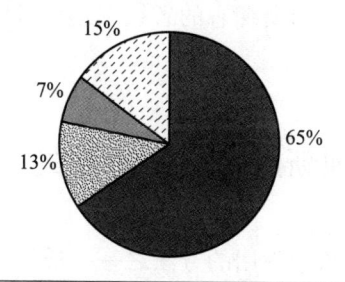

图7-4　江西省重点实验室依托单位分布

资料来源：根据《江西统计年鉴（2019）》整理而得。

图 7-5　江西省工程技术研究中心依托单位分布

资料来源：根据《江西统计年鉴（2019）》整理而得。

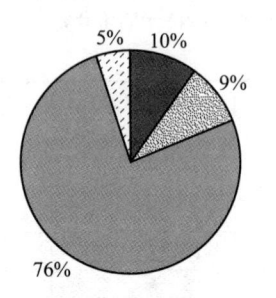

7.1.2.3　地域分布

从平台的地域分布来看，江西省重点实验室和工程技术研究中心主要分布在省会城市南昌市。目前，江西省拥有 5 家国家级重点实验室，其中 4 家分布在南昌市，1 家在赣州市；拥有 8 家国家级工程技术研究中心，其中 3 家分布在南昌市，2 家在赣州市，鹰潭市、新余市和景德镇市各 1 家。此外，省级重点实验室和工程技术研究中心也主要集中在南昌市，其次是在赣州和宜春等地级市。

截至 2018 年底，南昌市拥有省级重点实验室 132 家，数量位居全省第一，占比 78%；其次是赣州市，拥有 12 家，其他地级市拥有少数几家，而且各地市重点实验室数量总和也不及南昌市所拥有的数量。省级工程技术研究中心也主要集中在南昌市，拥有 118 家，占比 33%；其次是宜春市，拥有 51 家，赣州 31 家和抚州 28 家，南昌市所拥有的省级工程技术研究中心数量也远多于其他地级市。

7.2　科技创新服务平台发展的 SWOT 分析

SWOT 分析是战略分析中常用的方法之一，最早是由美国旧金山大学的管理学教授在 20 世纪 80 年代初提出来的，基本思路如下。

（1）环境因素分析。通过运用各种调查研究方法，分析研究对象的内部能力因素（包括优势和劣势）及所处的外部环境因素（包括机会和威胁）。前者属于主动因素，是指研究对象在发展中自身存在的消极和积极因素，后者属于客观因素，是指对研究对象发展有直接影响的不利和有利因素。

（2）构建 SWOT 矩阵。将通过调查得到的各因素按重要程度进行排序，构建 SWOT 矩阵，优先排列那些对研究对象发展有重要、直接、久远作用的因素。

（3）制订计划。运用系统分析方法，本着"发挥优势，克服劣势，利用机会，化解威胁"以及"总结过去，立足当前、着眼未来"的原则，将排列的各环境因素相互匹配并加以组合，得出一系列可行的策略。①

基于前面有关江西省科技创新平台发展基础和条件的分析，通过对各关键要素的梳理与总结，本书建立了江西省科技创新平台网络化发展的 SWOT 分析框架（见表 7-4），给出平台网络化发展的优势、劣势以及面对的机遇和威胁。

表 7-4　　江西省科技创新平台网络化发展的 SWOT 分析

发展优势（strength）	发展劣势（weakness）
• 科技创新平台现有基础良好 • 科技创新的学术领域和技术领域取得突出成就	• 尚未形成产学研战略合力 • 科技创新平台投入结构不合理 • 缺乏联动发展的协调机制
发展机遇（opportunities）	面临威胁（threats）
• 政府平台布局独具优势 • 以企业为主体的创新体系逐渐完善，创新资源向产业聚集 • 经济全球化与区域经济一体化的深入发展，为广泛利用国内外科技资源推进平台网络化进程提供了机会	• 国内其他发达地区优越的创新创业环境以及优惠的政策和地理区位优势，对江西省的科技资源、科技项目和企业的争夺 • 科技竞争日趋激烈的国际环境带来的威胁

7.2.1　平台发展的优势分析

（1）科技创新平台现有基础良好。江西省科技创新资源丰富，科技创新平台建设的基础较好。截至 2018 年，全省已建成各类科技创新平台 1146 个，

---

① Piercy N, Giles W. Making SWOT analysis work [J]. Marketing Intelligence & Planning, 1989 (7): 5-7.

全年受理专利申请86001件，授权专利52819件，签订技术合同3024项，技术市场合同成交金额115.8亿元。另外，平台门户网站的开通，推动了江西省科学数据、科技文献等科技资源的系统整合。总之，各类科技创新平台的运行以及网络科技环境的发展，已逐步成为江西省有效整合科技资源、形成功能完备的科技创新平台网络的优势。

（2）科技创新的学术领域和技术领域成就显著。在创新平台与载体的支撑下，江西省在科技创新的学术领域和技术领域都取得了重大成就，如国家硅基LED工程技术研究中心成功研制硅衬底高光效GaN基蓝色发光二极管，并因此获得国家技术发明一等奖，使得中国成为继美、日之后的第三个掌握蓝光LED自主知识产权技术的国家。在推动自主创新能力提升与科研成果转化方面，"十二五"期间，江西省重点实验室和工程技术研究中心承担各类科研项目9357项，获得各类成果奖773项，其中国家级奖励24项，省部级奖励482项。此外，还有一些实验室在科技成果转化方面取得了相应的进展，如食品科学与技术国家重点实验室研发出的益生菌发酵果蔬技术，可以实现果蔬发酵产业化，在国内外取得突破性进展。资源共享平台的建设，不仅打破了各类资源的使用壁垒，还通过平台各类仪器设备、文献、数据的共享共用，改善了企业研发条件，降低了企业的研发成本。

7.2.2 平台发展的劣势分析

（1）尚未形成产学研战略合力。尽管江西省目前已建立起数量可观的各类研发平台和产业化平台，但由于体制分割，产学研组织松散，尚未形成推动平台网络化发展的战略合力。主要体现在两个方面：一是高校、科研院所、企业之间缺少互动合作，创新要素部门所有、创新资源分割、创新扩散能力薄弱；二是企业尚未有效利用高校和科研院所的创新优势，企业与高校、科研院所之间缺少有效的合作。总之，由于未能设计有效的产学研合作机制，没有围绕创新这一核心协同发展，江西省尚未真正实现产学研的良性互动。

（2）科技投入结构不合理。江西省的科技投入结构不合理主要体现在两个方面：一是科技人力和物力投入结构不合理。由于江西省科技创新平台发展的配套基础设施建设滞后，加之各类科技人才和科技成果严重外流，导致各类平台集成资源的能力较弱，自主创新能力不强，很多平台还没有发挥其独特的创新功能。从科技和经济发展的空间布局来看，江西省科技资源投入还相当有限。二是科技财力投入结构不合理。江西省 R&D 投入在基础研究、应用研究和试验开发三个方面的结构不合理。国际上通用的是基础研究占 20% 左右，应用研究占 30%～40%，试验开发占 40%～50%，而 2018 年的统计数据显示，江西省基础研究、应用研究和试验发展经费所占比重分别为 3.5%、6.7% 和 89.8%，而且专利总量不足，2020 年万人发明专利拥有量 3.14 件，同比增加 0.49 件，这表明江西省 R&D 效率的持续性较差，从而导致平台发展中资源浪费和重复建设等问题严重。

（3）缺乏联动发展的协调机制。江西省各类科技创新平台之间横向联系较少，分工层次较低，缺乏创新动力。各类平台在技术、人员、信息等方面缺乏深层次的交流与合作，既没有形成真正意义上的专业化分工和基于共同地域文化背景的协同关系，也没有形成上下游产业及支撑产业相互关联的互补效应。协调机制的缺乏，使得江西省科技创新平台尚未发挥其整体功能。

7.2.3 平台发展的机遇分析

未来 5～15 年，是江西省科技和经济快速发展的关键时期，也是科技创新平台网络化发展的重要机遇期。科技创新平台作为江西创新型省份建设的重要方面，有着各类政策的支持、各种制度的保障，以及更为优越的创新环境条件。主要体现在以下三个方面：一是政府平台布局独具优势。江西省在科技创新公共服务平台的政策规划方面以"六个一"工程和"5511"工程为主要切入点。科技创新"六个一"工程启动于 2009 年，其主要目标在于培育出 10 个优势高新技术产业，使其能够成为引领经济发展的龙头产业；培育 100 个创新型企业，使其成为高新技术产业中的龙头企业；通过资源整合与重点扶持，实现 100 项重大高新技术成果产业化，形成高新技术产业的强有力支撑。此外，在原有基础之上，建设 10 个国家级研发平台、办好 10 个国家级高新技术产业特色基地以及组建 100 个优势科技创新团队。经过"十一五""十二五"的努力，江西省的创新能力得到有效提升。江西省继实施科技创新"六个一"之后，又在全省实施创新驱动"5511"工程。创新驱动"5511"工程一是重点建设50个国家级平台和载体、新增50个国家级创新人才团队、实施100项重大科技专项、新增1000家高新技术企业；二是以企业为主体的创新体系逐渐完善，创新资源向产业聚集，企业研发投入和成果产出快速增长，创新主体地位不断增强，江西省企业研发资金投入和使用都占据了主导地位，创新平台以产业技术研发为主导，行业布局特色鲜明，引进高端研发机构力度加大，产业技术研究院布局建设活跃；三是随着经济全球化与区域经济一体化的深入发展，特别是生产要素的市场化配置，加速了科技资源在更大范围内的流动及扩散，从而为江西省科技创新平台广泛利用国内国际资源以及参与国际化分工提供了更多的机会和可能。

7.2.4 平台发展面临的挑战

江西省科技创新平台发展的威胁主要包括两个方面的内容：一是国内其他发达地区先进的科技创新平台带来的威胁。它们强大的资金优势、人才优势，先进的技术设备、超前的管理理念和服务意识，综合优越的创新创业环境以及优惠的政策和地理区位优势，使江西省科技资源、科技项目和企业面临着被争夺的威胁。二是科技创新平台的国际化发展是一把"双刃剑"，在带来机遇的同时，对平台发展也是种挑战。在科技竞争日趋激烈的国际环境下，江西省的市场环境和机制还不够完善、知识产权立法保护和监督还不足，这些问题也逐渐成为科技创新平台发展的威胁。

上述对江西省科技创新平台优劣势的分析是基于科技创新平台的规模、资源、特色和管理等内部构成要素，在与其他省区市平台和国外发达国家平台比较的基础上进行的。优劣势的分析有助于及时发现平台内部存在的问题、完善内部运行机制。机遇和风险的分析是在考察平台外部发展环境的基础上进行的。科技创新平台的外部环境包括经济、体制、政策等宏观环境和产业环境，其外部环境对科技创新平台的发展提供了大量机会，同时带来了一定的风险和威胁。总之，江西省科技创新平台的发展要顺应环境的变化，充分利用自身优势，寻找有利的机会，通过制定相应的发展规划和战略，提升科技创新平台整体竞争实力和创新能力。

7.3 科技创新服务平台运行机制优化

7.3.1 江西省科技创新平台的内在运行机制

根据《江西省重点实验室管理办法》《江西省工程技术研究中心管理办法》《江西省重大创新平台管理办法（试行）》，重点实验室和工程技术研究中心等均采用主任负责制，由1名主任和若干名副主任组成，同时设立管理委员会，管委会由上级管理部门和依托单位等部门领导组成，主要负责平台的发展规划和年度计划的制定、重大工作事项的表决和财务预决算监督和审查，以及协调成员单位及相关合作单位间的关系等。同时，成立学术委员会或技术委员会，作为重点实验室和工程技术中心的指导机构，委员会由7~11名国内外优秀专家和依托单位骨干组成，形成技术创新、产业化意识较强和管理水平较高的领导班子。同时，平台享有高度用人自主权，平台人员主要以聘任制方式进入平台，其中包含固定和流动人员，固定人员主要为科研工作者、技术人才和管理人员，流动人员主要为兼职教授和博士等。研究人员实行流动机制，有进有出，使平台始终保持高效精干的队伍。其组织结构如图7-6所示。

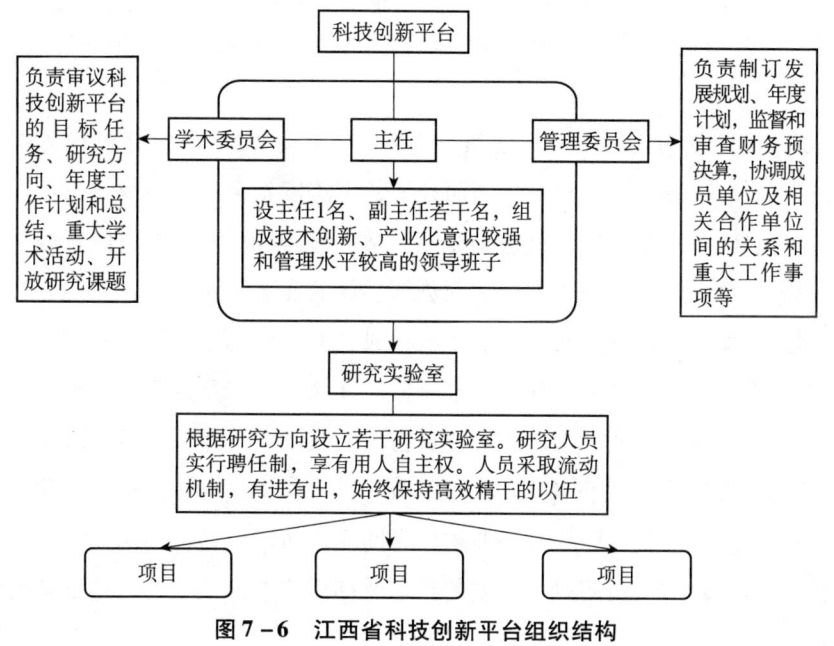

图7-6 江西省科技创新平台组织结构

江西省科技创新平台均采取"边组建、边运行"的工作方式，建设期限一般为3年，各平台原则上不设立分平台。江西省科技创新平台在组建和运行过程主要包含了以下几个机制。

（1）保障机制。科技创新平台稳定有序的发展离不开其相应的保障机制，保障机制就是平台在运行和发展过程中需要相应的政策、资金和人才等要素作为基础和支撑，而且这些要素是平台持续运行的关键。江西省科技创新平台的保障机制主要体现在资金投入、人才队伍建设、基础条件建设等方面。首先，在平台运行资金投入方面，省财政专项经费、平台主管部门拨款经费及依托单位自筹经费构成了江西省科技创新平台的建设资金主要来源，依托单位自筹经费一般高于省财政专项经费。同时，管理部门统筹支配科技创新平台建设资金，对平台组建、验收与运行评估成绩优异者提供持续稳定的财政资金支持，建立平台依托单位投资主体机制，形成了平台的可持续投入来源。其次，在平台人才队伍建设方面，江西省出台了相应人才优惠政策和引进计划，优先推进科技创新平台科技人才的引进和聚集，强调各级政府在实施人才优惠政策上优先倾向科技创新平台引进各类人才，同时建立了"千人计划"人才产业园来吸引人才的聚集。最后，在完善创新基础条件方面，在省内建立了9个国家级高新区来促进科技产业的聚集。同时，鼓励科技创新平台创新管理体制和运行机制，并对科技创新平台实行动态管理，优先支持运行效率高的科技创新平台建设。

（2）协同创新机制。协同创新是企业、政府、大学和中介机构等，以知识增值为核心，实现重大科技创新而开展的大跨度整合的创新模式，是通过政府政策的引导和制度安排，推进企业、大学、科研院所发挥各自的资源优势和能力优势、整合各方优势资源、实现创新主体的优势资源互补，共同开展产业技术创新，加速推进技术研发和实现科技成果产业化的活动。协同创新机制是科技创新平台开展科技创新活动的推进器。江西省诸多重点实验室和工程技术研究中心都和外界科研单位、企业有着密切的联系与合作，积极引进了如清华大学、北京大学等国内著名高校和国家级研发机构来赣与相关单位共建分支机构和新型创新载体，在区域和创新主体之间实现协同创新，不断探索有利于激发创新活力的政产学研用融合发展的技术转移模式，形成全产业链创新的组织模式和合作机制。通过围绕国家和地方科技计划和重点项目开展多种形式的国际、国内科技合作与交流，推进平台内各创新主体之间的互动与合作，集成各方优势进行项目攻关。江西省工程技术研究中心70%以上是依靠企业为依托单位进行组建，充分利用了企业的资金优势和市场需求的敏锐度，为平台的发展和科技成果转化起到了很好的支撑作用。同时，江西省重点实验室大多以高校为依托，是为了充分发挥高校和科研院所智力资源和人力资源优势，拓展并深化产学研合作的深度与广度。通过以实验室创新活动为媒介，采取联合攻关、资源互补和技术转让等多种合作形式促进产、学、研协同创新，该机制对推动江西省科技创新平台的快速发展起到了重要的作用。

（3）激励机制。在企业管理过程中，激励机制是指通过特定的方法与管理体系，将员工对组织及工作的承诺最大化的过程。江西省科技创新平台实行竞争激励机制，通过运行评价、评估，实行动态调整，优化总体布局，促进重点实验室良性竞争发展。首先，对平台的激励。为了大力推进江西省科技创新平台高质量和稳定发展，江西省政府印发了《关于加快科技创新平台高质量发展十二条措施》（以下简称《措施》）。《措施》旨在支持和激励江西省国家级和省级科技创新平台建设，其中包含诸多激励性措施，如对新认定的国家级科技创新平台采取资金补助的激励方式给予补助500万~1000万元；采用奖励性补助方式对通过考核的国家级科技创新平台每年给予100万~300万元奖励；采取遴选国家级科技创新平台预备队的方式来促进省内国家级科技创新平台的建设，针对不同类别新认定的预备队给予100万~130万元补助；对在发展和运行过程中具有较强优势的预备队追加50万~100万元的奖励性补助。此外，针对江西省省级科技创新平台建设，《措施》提出将完善和合理配置省级科技创新平台在不同领域和区域之间的分布，提高科技创新平台的建设水准。为激励省级平台建设和发展，对新批准的平台给予50万元财政补助，根据平台运行效果给予50万~100万元的差异化奖励性补助。其次，对人才的激励。《措施》提出要重点支持科技创新平台优秀科技人才引进和聚集，政府人才优惠政策要着重倾向科技创新平台各类人才的引入。通过制定富有竞争力的人才待遇、人才发展和人才服务政策来加强人才保障力度，推进江西省科技创新平台创新人才队伍的稳定发展。同时，江西省出台《江西省科学技术奖励办法》和《江西省科学技术奖励办法实施细则》以及《江西省深化科技奖励制度改革实施方案》，完善了江西省科技奖励制度，强化了科技奖励的激励性和荣誉性，增强了获奖人员的荣誉感和使命感。

（4）绩效评价机制。绩效评价机制是指凭着对照平台目标或绩效标准，采用一定的考评方法，对平台的工作职责履行程度、平台的工作任务完成情况和平台的发展情况进行评定，并将上述评定结果反馈给平台的一种机制。江西省科技创新平台的建设与运行情况由依托单位进行年度考核，并将考核结果上报主管部门和省科技厅。通过运行评价、评估，实行动态调整，优化总体布局，促进科技创新平台建设的优胜劣汰和竞争性发展。在年度考核的基础上，江西省科技厅组织对科技创新平台进行评估，评估周期为三年，同时每年对若干类别或领域的科技创新平台进行分类评估。评估从研究水平与贡献、队伍建设与人才培养、开放交流与运行管理等指标维度对平台三年整体运行效果进行全面评价，评估结果分为优秀、良好、一般、不合格四个等级。省科技厅和管理部门根据科技创新平台定期评估等级以及年度考核情况，综合确定平台运行绩效的评估结果。对评估结果为优秀的平台给予表彰，同时根据评估结果给予相应的财政科技经费奖励，并重点培育和优先推荐申报国家重点创新平台。考核评估不合格的可直接撤销其相应重点创新平台称号，或限期整改，整改仍未达到要求的，撤销其重点创新平台称号。在评估过程中如发现所报内容不实，将对该重点创新平台及依托单位、主管部门提出批评，责令限期整改；对弄虚作假等情节严重的，撤销其江西省重点科技创新平台称号，三年内不再受理该重点科技创新平台依托单位的组建申报。

（5）江西省科技创新平台运行机制之间的关系。江西省科技创新平台的保障机制、协同创新机制、激励机制和绩效评价机制四个机制并非单独存在和独立运行，在平台运行过程中四个机制相互联结、共同作用、相辅相成，并呈现出一定的协同性和完整性。其运行机制之间的关系如图7-7所示。

其中，保障机制是科技创新平台运行的基础，为平台良好运行提供物质支撑；协同创新机制是平台推进产学研共同开展科技创新活动的纽带，增加产学研合作黏性，使产学研之间的协同创新效率得以提升的机制；激励机制是平台开展科技创新活动的动力,用于激发平台和科研人员创新的主动性和积极性;绩效评价机制对平台发展具有重要的调控作用,根据平台运行效果优胜劣汰,集中力量发展重点平台,提高平台的运行质量。平台的四个运行机制互相作用,形成高强度的合力,共同推进平台的有效运行。

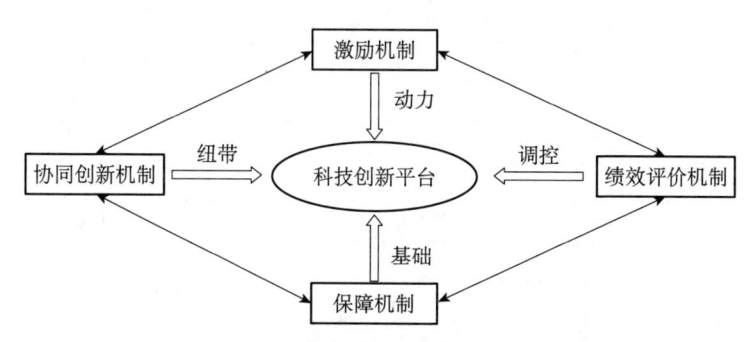

图 7-7 江西省科技创新平台运行机制之间的关系

7.3.2 运行机制存在的问题分析

通过对江西省科技创新平台现状调查、访谈及相关数据分析,从保障机制、协同创新机制、激励机制和绩效评价机制方面分别指出江西省科技创新平台运行机制存在的问题。

7.3.2.1 保障机制落后

(1) R&D 经费投入不足。研究与试验发展(R&D)经费投入是促进区域科技创新能力提升的前提条件,也是加快区域科技创新平台建设的必要条件。2018 年全国科技经费投入统计公报显示(见表 7-5),2018 年江西省 R&D 经费投入 310.7 亿元,R&D 经费投入强度为 1.41%,位居全国第 18 位,与湖南、湖北、安徽、河南等其他中部省份相比相差甚远。江西省 R&D 经费投入的不足,很大程度上对江西省科技创新平台的建设与发展产生了滞后影响。资金投入的不足,使平台的各种仪器设备、科技数据和文献、各类数据库等都得不到及时的更新和补充。现有的仪器设备不论是在数量、种类还是在先进程度、配套情况等方面,都和周边其他省份存在较大的差距。

表 7-5　2018 年各地区研究与试验发展（R&D）经费情况

地　区	R&D 经费（亿元）	R&D 经费投入强度（%）
全　国	19677.9	2.19
北　京	1870.8	6.17
天　津	492.4	2.62
河　北	499.7	1.39
山　西	175.8	1.05
内蒙古	129.2	0.75
辽　宁	460.1	1.82
吉　林	115.0	0.76
黑龙江	135.0	0.83
上　海	1359.2	4.16
江　苏	2504.4	2.70
安　徽	649.0	2.16
浙　江	1445.7	2.57
福　建	642.8	1.80
江　西	310.7	1.41
山　东	1643.3	2.15
河　南	671.5	1.40
湖　北	822.1	2.09
湖　南	658.3	1.81
广　东	2704.7	2.78
广　西	144.9	0.71
海　南	26.9	0.56
重　庆	410.2	2.01
四　川	737.1	1.81
贵　州	121.6	0.82
云　南	187.3	1.05
西　藏	3.7	0.25
陕　西	532.4	2.18
甘　肃	97.1	1.18
青　海	17.3	0.60
宁　夏	45.6	1.23
新　疆	64.3	0.53

资料来源：《中国科技统计年鉴（2019）》。

（2）科技创新基础条件落后。从前面对江西省科技创新平台依托单位的分析中可知，江西省重点实验室主要依托高校组建，以高校为依托的目的是充分利用高校的人才资源，但江西省缺乏大院大所，目前省内只有一所"双一流"的高水平高校和几所区域性建设高校。高水平高校和科研院所的缺乏，使江西省重点实验室缺乏孕育的母体，不利于重点实验室的培育发展，因而导致江西省重点实验室在数量和质量上都落后于周边省市。另外，江西省工程技术研究中心组建大多以企业为依托，江西省处于我国中部地区，经济基础相对薄弱，高科技公司较少且发展缓慢，而且公司实力也不及发达地区的科技公司，同时很多大型科技公司在成熟之后都迁往了沿海发达城市，对江西省工程技术研究中心的建设和发展具有很大影响。因此，高水平高校和科研院所的不足，以及高科技型企业的缺乏，使省内研发与创新基础条件呈现落后的局面，难以促进重点实验室和工程技术研究中心的发展。

（3）科技研发人员匮乏。《中国科技人才发展报告（2018）》数据显示，我国 R&D 研究人员保持稳步增长的态势，但在全国分布不均匀的特征也日益凸显。从全国 R&D 研究人员在全国各地区的分布来看（如图 7-8 所示），2017 年江西省 R&D 研究人员总量只有 2.66 万人，在全国排名第 20 位，远落后于湖南、湖北、安徽等中部省份，与排名第一的江苏省相比，甚至还不到其 R&D 研究人员总量的 1/7。R&D 研究人员是科技创新平台建设和发展的重要支持性资源。近年来，江西省对人才引进的力度还不够大，出台的人才政策和措施缺乏吸引力，难以实现人才的聚集和长期驻留，同时缺乏灵活的人才管理机制和长期的人才规划项目，以及缺乏与省内外高校联合培养人才的计划措施，人才的更新和补充缓慢。研究人员的匮乏在很大程度上制约了江西省科技创新平台的发展。

7.3.2.2 协同创新机制不健全

（1）产学研合作效率低。科技创新平台的运行与产学研合作密切相关，在创新活动开展过程中，作为创新的主体，企业在科技创新平台建设和运行过程中都发挥着重要作用，而作为创新的辅助主体，大学和科研院所是科技创新平台建设的重要组成单位，在平台建设过程中起着基础性作用。科技创新平台的高效运行依赖于产学研各主体之间的相互合作与交流，形成优势互补。江西省现有的科技创新平台，大多以政府为主导、单个部门为依托，未建立以企业为主体的区域创新体系，在开展科技创新活动中创新主体"各自为政""闭门造车"现象突出，对外沟通和交流不足。而且相当一部分科研机构与企业脱节，研发过程中没有与市场需求相结合，造成科研成果市场实用性差，成果转化率低。加之江西省内高级技术院校数量较少，难以满足企业对优秀人才需求，企业更倾向于与省外知名院校合作，但因受时间和空间的限制，通常要花费更高的代价，也难以形成长效性合作。

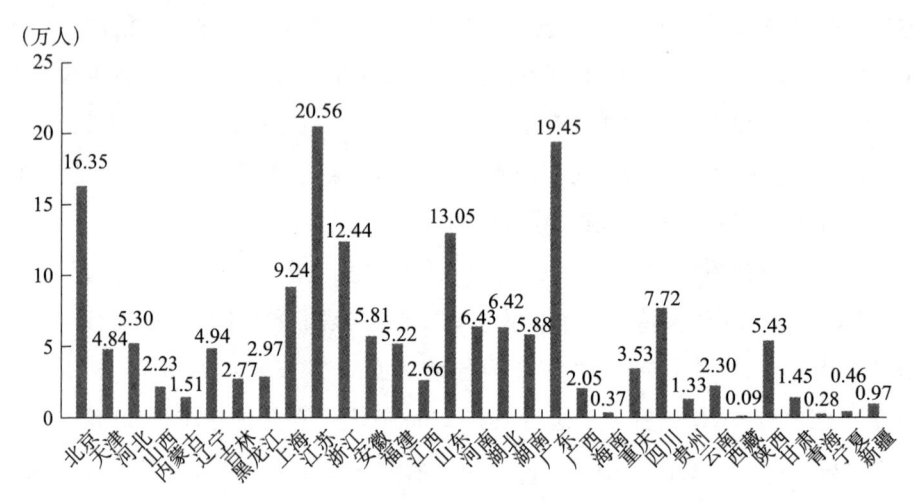

图 7-8　2017 年全国各地方 R&D 研究人员总量

资料来源：《中国科技统计年鉴（2018）》。

（2）科技资源共享不足。由于江西省科技创新平台在建设过程中存在产业聚集性不强和布局分散等问题，依托各高校、科研机构和企业建立的重点实验室、工程技术中心主要是服务于本依托单位。科技仪器设备，信息技术、数据库等资源为各自把持，对外共享性不强。一是各部门共享意识淡薄，不愿将自身的研发资源对外界开放、对自身所持有的科技资源存在"保护主义"。二是由于现有的体制和制度因素，以及相关利益因素，加之政府部门政策不协调，各类标准和规范不相同，造成科技资源分散，整合难度大，共享程度低。三是缺乏国家层面的法律法规来确定国家财政建设的科技创新平台的共享义务，仪器和相关数据库的使用权获取难度大，审批流程复杂。四是江西省未建立大型科学仪器协作共用网，缺乏对省内科学仪器设备统一的管理体制和共享机制。大型仪器设备、科技数据等科技资源共享不足，在很大程度上制约了江西省科技创新工作的开展和科技创新平台的发展。

（3）平台布局不完善，网络化程度低。根据前述江西省科技创新布局分析可以看出，首先，近年来江西省各地重点实验室和工程技术研究中心数量都有所增加，但平台主要是分布在省会城市南昌，而九江、新余、鹰潭、吉安等地级市平台数量较少，呈现严重的区域分布不均现象，当然这也跟省内高校和高科技企业区域分布有关，江西省大部分重点建设高校和高科技企业都坐落在南昌市，因而导致了南昌市科技创新平台数量远远多于其他地市的现象。其次，平台依托单位分布比例失调，江西省重点实验室主要以高校为依托，企业依托较少，而在大学依托单位中，南昌大学又占了半壁江山，江西财经大学、江西师范大学等高校重点实验室较少，也出现了失衡现象。最后，平台研究领域分布不尽合理，生物医药和材料领域研究远超于其他领域，经济研究和文化创意等领域建设数量较少，难以满足区域发展需求。此外，江西省尚未建立网络化的平台管理系统，平台之间的沟通与交流较少，导致平台之间信息闭塞，不能通过网络系统很好地实现资源共享。

7.3.2.3 激励机制不完善

（1）激励形式单一，主要以物质激励为主。物质激励主要包括奖金、薪酬和各种福利等，其主要出发点是满足人们的物质生活需要，从而激发人们内在潜力和积极向上的动机。目前，江西省科技创新平台科研和技术人员的激励方式主要有以下几种：第一，科技奖励，即通过发表论文、课题立项、成果获奖进行量化分级给予相应的奖励。第二，职称的评定，目前职称的评定方法主要还是根据科研人员的科技成果数量和质量来确定其职称的晋升。第三，科技考核，即给科研人员在一定周期内的科技成果产出设置一个基本要求，未达要求者给予相应的惩罚。上述激励方式主要侧重于物质方面对科研人员进行激励，而忽视了精神激励，物质激励在短期内会产生一定的效果，但这种效果很难持久下去，很大一部分激励因素会逐渐转变为保健因素。如不及时采取改进措施，会使相当一部分科研人员失去科学研究的动力，从而使江西省科技创新平台科技产出能力和影响力下降。

（2）激励措施"一刀切"，缺乏针对性。马斯洛在其需求层次理论中将人的需求由低到高分为生理、安全、归属感、尊重和自我实现五个层次，并认为当低层次需求满足之后就会被更高层次的需求所替代，而追求更高层次的需求就成了驱使人们行为的动力。每个科研人员都有其自身不同的需求，而且其需求会随着时间和环境的变化而变化。激励措施要取得最大的效果，就应该了解不同研究人员的需求，采取"投其所好"的方式激励，才可以最大程度地发挥激励效果。江西省科技创新平台目前所实行的科研激励措施属于比较机械的方式，对所有科研人员采用统一标准，没有从职称、年龄、性别等方面去制定不同的激励措施。在关于江西省科技创新平台科研激励的调查问卷中可以看出，对于大部分中级及以下职称的研究人员，他们的主要需求是职称晋升，而对于已经获得高级职称的研究人员来说，他们的需求已经被更高一级需求所替代，如学术声誉、他人的认可、自我实现等。因此，当激励措施缺乏针对性、与科研人员的需求脱节时，就难以产生激励效果，甚至会激发矛盾，产生不良情绪，影响科研团队的建设。

（3）忽视团队激励，物质奖励分配异议大。平台现行的科研激励制度对科技产出奖励往往只强调"第一作者"和"第一负责人"，这种形式虽然在一定程度上调动了科研人员争当主要负责人的积极性，但也容易造成科研人员单兵作战，忽视团队合作，造成科研人员在开展科研工作时相互排挤、相互抵触，难以发挥团队的力量。此外，各种政府奖励和科技奖励中的获奖人普遍存在领导、名气大的专家学者排名靠前的情况，而真正为项目付出努力的人却排名较后。同时，对于奖金的分配，基本上由负责人或第一完成人全权负责，由于排名原因以及项目负责人的个人倾向等诸多因素，很多在项目研究过程中贡献较大的研究人员奖金分配较少，因此产生怨气和心理不平衡，很大程度上影响了后续科研工作的积极性，既不利于科研团队的合作与发展，也不利于科研成果的产出。

7.3.2.4 绩效评价机制不科学

（1）绩效评价制度不合理。江西省科技创新平台运行实行年度报告制度，依托单位每年对所属科技创新平台建设与运行工作进行年度考核，考核结果上报主管部门和省科技厅。在年度考核的基础上，江西省科技厅组织对科技创新平台进行考核评估，三年为一个评估周期，每年对若干类别或领域的科技创新平台进行评估。评估主要是对科技创新平台三年的整体运行状况进行综合评价。该评价制度存在诸多弊端，依托单位和所属的科技创新平台属于利益共同体，其利益具有一致性，依托单位所属的科技创新平台运行的考核结果将会影响到该依托单位今后的科技创新平台的申请与平台升级，同时也会影响该平台的财政投入水平。因此，容易导致管理者就是评估者的现象，依托单位在考核所属科技创新平台时会带有"经济人"行为，在评估过程中必然存在提高所属科技创新平台的绩效的倾向，从而提高自身的效益，容易掩盖科技创新平台运行的真实情况，不利于平台的进一步发展。

（2）绩效评价体系不完善。科技创新平台作为服务社会、提高区域创新水平、促进区域社会经济发展的服务类产品，具有很强的利益外溢性。在对科技创新平台进行绩效评价时既要考虑它的经济效益，也要注重它的社会效益，在《江西省重点实验室管理办法》中，对平台评价的评价指标主要包括研究水平与贡献、队伍建设与人才培养、开放交流与运行管理等，在指标设计上缺乏平衡性，评价指标大多难以量化，在实施过程中缺乏一定的操作性和存在较大主观性。而且对于任何项目都是运用同一套评价体系，没有根据项目类型、项目大小、难易程度等特点对涉及的评价指标进行相应的调整。绩效评价指标体系缺乏合理的权重，评价方法单一，容易导致绩效管理和战略目标错位。另外，评价对象不够全面和评价内容有待进一步完善，评价对象应是多层次、多样性的，江西省科技创新平台在评价指标设立中表现为层次不够分明、评价涉及面不够广泛。评价内容应注重经济效益和社会效益指标相结合，现有的评价体系过多强调经济效益，而忽视了社会、环境等效益以及民众满意度等的评价。

（3）绩效评价实施效果差，评价质量有待提高。根据《江西省重点实验室管理办法》《江西省工程技术研究中心管理办法》《江西省重大创新平台管理办法（试行）》，江西省科技创新平台在实行绩效评价时主要实行的是内部评估，内部评估往往会服从一些自利行为，如只强调取得成就的一面，忽视或掩盖不利的一面，使评估者难以客观公正地对平台的运行绩效做出评价，容易使评估走向片面并带有浓厚的主观色彩，与采取第三方评估机构评估的方式相比，该评估方式缺乏客观性。而且绩效评估是一项复杂而细致的工作，评估人员需要系统地掌握相关理论和熟悉相关绩效评估方法、技术的使用。经访谈调查，很多部门缺乏相关的专业评估工作者，因此导致绩效评价实施效果不理想。此外，平台绩效评价结果不公开，经过网上查找和访谈，江西省科技创新平台的绩效评价结果只在内部公示，而且公示的都是评为优秀的平台。对于评价结果只是反馈给部门单位，而在评价中评为一般和不合格的平台没有进行问题整改，弥补不足，评价单位并没有后续的跟踪，对于一些评估结果较差的平台，也没有建立相应的惩罚机制和问责机制。

7.4 科技创新服务平台绩效评估优化

7.4.1 数据收集与整理

7.4.1.1 绩效评价指标体系权重测算

根据已建立的绩效评价指标体系，采用层次分析法对各级指标进行权重测算。基本步骤包括：确定层次结构模型；构造判断矩阵；计算权重向量并进行一致性检验。

本书将江西省科技创新公共服务平台总体发展规划设定为层次分析法模型的目标层，将其用符号 T 表示，另将其下面的四个一级指标分别用 A_1、A_2、A_3、A_4 表示客户维度指标、财务维度指标、内部管理维度指标和学习与成长维度指标，用 B_i（$i=1, 2, 3, \cdots, 8$）表示各级指标维度下的二级指标层，用 C_i 表示 B_i 指标层分解出的三级指标层。

本书采用问卷调查法，并选择 14 位平台绩效管理领域的相关专家学者组成问卷小组。采用德尔菲法对同一维度下相同层次中的所有指标两两之间相互比较，用 1~9 对测算进行赋值，然后对赋值结果进行汇总测算出指标权重的平均值，再经过多轮修订判断得出一致性结果后进行数据统计，最终获得各指标的权重值。

（1）准则层指标权重测算和一致性检验。根据构造出的四维判断矩阵，对专家所给出的答案进行汇总并测定出目标层的权重结果，如表 7-6 所示。

表 7-6　　　　　　　　　　目标层的绩效判断矩阵结果

江西省科技创新公共服务平台绩效判断矩阵准则层	客户维度	财务维度	内部管理维度	学习与成长维度
客户维度	1	4	5	6
财务维度	$\frac{1}{4}$	1	2	3
内部管理维度	$\frac{1}{5}$	$\frac{1}{2}$	1	2
学习与成长维度	$\frac{1}{6}$	$\frac{1}{3}$	$\frac{1}{2}$	1

对判断矩阵进行归一化处理后得到特征向量为：

$$W = \begin{bmatrix} 0.604233 \\ 0.200749 \\ 0.120664 \\ 0.074354 \end{bmatrix}$$

最大特征值 $\lambda_{max} = 4.0658$，再由一致性指标计算公式：

$$CI = \frac{\lambda_{max} - n}{n - 1}$$

算出此判断矩阵的一致性指标 $CI = 0.021925$，同时，根据表 7-7 可知，当 $n = 4$，$RI = 0.90$。

表 7-7　　　　　　　　　　平均一致性指标 RI 标准值

N	1	2	3	4	5	6	7	8	9
RI	0	0	0.58	0.90	1.12	1.24	1.32	1.41	1.45

所以，再由一致性比率计算公式：

$$CR = \frac{CI}{RI}$$

得出一致性比率 $CR = 0.024361 < 0.1$，说明判断矩阵通过一致性检验，表示权重合理，最终取得指标权重为：$W = [0.604233 \quad 0.200749 \quad 0.120664 \quad 0.074354]$。

同理，利用 Matlab R2017b 软件对其他指标层进行权重测算及一致性检验。

（2）一级指标层权重测算和一致性检验。根据前面计算方法得出一级指标层的各指标权重并进行一致性检验，结果如表7-8~表7-11所示。

表7-8　　　　　客户维度判断矩阵

一级指标层	平台用户认可度	平台用户相关利益产出	权重	一致性检验
平台用户认可度	1	5	0.833333	$\lambda_{max}=2$ CR=0<0.1 通过检验
平台用户相关利益产出	$\frac{1}{5}$	1	0.166667	

表7-9　　　　　财务维度判断矩阵

一级指标层	平台投入	科技产出	权重	一致性检验
平台投入	1	2	0.666667	$\lambda_{max}=2$ CR=0<0.1 通过检验
科技产出	$\frac{1}{2}$	1	0.333333	

表7-10　　　　　内部管理维度判断矩阵

一级指标层	外部合作状况	运行制度保障	权重	一致性检验
外部合作状况	1	1	0.50	$\lambda_{max}=2$ CR=0<0.1 通过检验
运行制度保障	1	1	0.50	

表7-11　　　　　学习与成长维度判断矩阵

一级指标层	平台建设	员工素能	权重	一致性检验
平台建设	1	3	0.75	$\lambda_{max}=2$ CR=0<0.1 通过检验
员工素能	$\frac{1}{3}$	1	0.25	

（3）二级指标层权重测算和一致性检验。二级指标层的各指标权重及一致性检验如表7-12~表7-19所示。

表7-12　　　　　平台用户认可度判断矩阵

二级指标层	企业对平台使用的满意度	科研机构对平台使用的满意度	权重	一致性检验
企业对平台使用的满意度	1	2	0.666667	$\lambda_{max}=2$ CR=0<0.1 通过检验
科研机构对平台使用的满意度	$\frac{1}{2}$	1	0.333333	

第7章 江西省科技创新服务平台优化实证分析

表7-13 平台用户相关利益产出判断矩阵

二级指标层	平台给企业带来的效益	平台给科研院所实现的成果转化程度	权重	一致性检验
平台给企业带来的效益	1	1	0.50	$\lambda_{max}=2$
平台给科研院所实现的成果转化程度	1	1	0.50	$CR=0<0.1$ 通过检验

表7-14 平台投入判断矩阵

二级指标层	科技活动人员数	科技投融资水平	权重	一致性检验
科技活动人员数	1	4	0.80	$\lambda_{max}=2$
科技投融资水平	$\frac{1}{4}$	1	0.2	$CR=0<0.1$ 通过检验

表7-15 科技产出判断矩阵

二级指标层	论文与专著数	省级以上科技奖励	技术市场交易额	权重	一致性检验
论文与专著数	1	3	2	0.53961	$\lambda_{max}=3.0092$
省级以上科技奖励	$\frac{1}{3}$	1	$\frac{1}{2}$	0.16342	$CR=0.0079334<0.1$
技术市场交易额	$\frac{1}{2}$	2	1	0.29696	通过检验

表7-16 外部合作状况判断矩阵

二级指标层	成果转化率	承担省部级以上课题数	平台纳入研究机构数	权重	一致性检验
成果转化率	1	3	3	0.59363	$\lambda_{max}=3.0536$
承担省部级以上课题数	$\frac{1}{3}$	1	2	0.24931	$CR=0.046225<0.1$
平台纳入研究机构数	$\frac{1}{3}$	$\frac{1}{2}$	1	0.15706	通过检验

表7-17 运行制度保障判断矩阵

二级指标层	知识产权保护机制完善程度	平台相关政策法规完善程度	权重	一致性检验
知识产权保护机制完善程度	1	4	0.80	$\lambda_{max}=2$
平台相关政策法规完善程度	$\frac{1}{4}$	1	0.20	$CR=0<0.1$ 通过检验

表7-18　平台建设判断矩阵

二级指标层	平台信息化建设水平	平台功能完备程度	权重	一致性检验
平台信息化建设水平	1	2	0.666667	$\lambda_{max}=2$ $CR=0<0.1$ 通过检验
平台功能完备程度	$\frac{1}{2}$	1	0.333333	

表7-19　员工素能判断矩阵结果

二级指标层	科技人员中科学家和工程师比例	员工满意度	员工培训次数	员工对关键岗位的胜任能力	权重	一致性检验
科技人员中科学家和工程师比例	1	3	5	1	0.42879	$\lambda_{max}=4.1518$ $CR=0.0562223$ <0.1 通过检验
员工满意度	$\frac{1}{3}$	1	$\frac{1}{2}$	$\frac{1}{3}$	0.10352	
员工培训次数	$\frac{1}{5}$	2	1	$\frac{1}{2}$	0.14380	
员工对关键岗位的胜任能力	1	3	2	1	0.32488	

在完成对各个维度及其各维度所包括的指标权重的设计之后，再对整个评价指标体系进行多层次测算，得出表7-20的绩效考核指标权重测算结果。

表7-20　科技创新公共服务平台绩效评价指标权重测

目标层	准则层（A_1-A_4）	绩效目标	一级目标（B_1-B_8）	二级指标（C_1-C_{20}）	权重
推动区域科技创新能力提升，实现科技创新引领经济社会发展	客户维度指标（A_1）	改善服务质量，提升平台用户综合满意程度	平台用户认可度（B_1）	企业对平台使用的满意度（C_1）	0.335685
				科研机构对平台使用的满意度（C_2）	0.167843
			平台用户相关利益产出（B_2）	平台给企业带来的效益（C_3）	0.050353
				平台给科研院所实现的成果转化程度（C_4）	0.050353
	财务维度指标（A_2）	为创新活动提供资源，用平台资源创造更多价值	平台投入（B_3）	平台上科技活动人员数（C_5）	0.107066
				平台科技投融资水平（C_6）	0.026767
			科技产出（B_4）	论文与专著数（C_7）	0.036109
				省级以上科技奖励（C_8）	0.010935
				技术市场交易额（C_9）	0.019871

续表

目标层	准则层（$A_1 - A_4$）	绩效目标	一级目标（$B_1 - B_8$）	二级指标（$C_1 - C_{20}$）	权重
推动区域科技创新能为提升，实现科技创新引领经济社会发展	内部管理维度指标（A_3）	优质管理，促进平台各方合作	外部合作状况（B_5）	平台成果转化率（C_{10}）	0.035815
				平台承担省部级以上课题数（C_{11}）	0.015041
				平台纳入研究机构数（C_{12}）	0.009476
			运行制度保障（B_6）	平台知识产权保护机制完善程度（C_{13}）	0.048266
				平台相关政策法规完善程度（C_{14}）	0.012066
	学习和成长维度指标（A_4）	推动平台建设发展，提升员工素能	平台建设（B_7）	平台信息化建设水平（C_{15}）	0.037177
				平台功能完备程度（C_{16}）	0.018589
			员工素能（B_8）	平台中科技人员中科学家和工程师比例（C_{17}）	0.007971
				平台中员工满意度（C_{18}）	0.001906
				平台中员工培训次数（C_{19}）	0.002673
				平台中员工对关键岗位的胜任能力（C_{20}）	0.006039

注：所有权重的相加结果为 0.999999 是由于计算过程中四舍五入导致。

7.4.1.2 绩效评价数据收集

在对江西省科技创新公共服务平台绩效进行考核时，采用定性指标结合定量指标的方式进行评估。通过运用模糊综合评价法解决定性指标中难以量化的难点。模糊综合评价方法是基于模糊数学理论对不确定事物实现定量化，进而对定性指标实现客观评价。因此，本书采用模糊综合评价法对江西省科技创新公共服务平台的整体绩效水平进行综合评价。其具体步骤如下。

（1）确定所需评价对象的因素集。假定 $U = \{u_1, u_2, \cdots, u_m\}$ 为构建的指标体系中所需评价对象的因素集，其中 m 是将要进行评价的因素的个数。本书中，绩效评价体系划分为四个维度，所以 $U = \{u_1, u_2, u_3, u_4\} = \{$客户维度，财务维度，内部管理维度，学习与成长维度$\}$。

（2）确定所需评价对象的评语集。$V = \{v_1, v_2, \cdots, v_n\}$ 表示评价者对所需评价对象可能会作出的各种评价，本书中，采用优秀、良好、合格、不合格、差这 5 个等级来表示评价者给出的评价，即 $V = \{v_1, v_2, v_3, v_4, v_5\} =$

{优秀，良好，合格，不合格，差}。各等级对应的分值为如表7-21所示，可表示为分值集F={90，75，60，45，30}。

表7-21　　　　　　　各种评价对应的分值

评价	优秀	良好	合格	不合格	差
分值	90	75	60	45	30

（3）依次对评价指标中的各个维度进行单因素评价，得出评价结果u_i。再将四个维度的绩效数据测算结果代入数值进行计算，最终得出关于江西省科技创新公共服务平台整体绩效评估的结果U。

此次研究的相关数据来自统计年鉴、江西省科技厅工作报告或以及江西省科技创新公共服务平台网站。为使评价结果科学有效，选择了包括江西省科技创新公共服务平台工作人员、平台中的企业人员以及相关领域内的10名专家，让他们结合前文确定的评语集对江西省科技创新公共服务平台的表现进行综合评价。

7.4.2　运行绩效评价结果

根据发放的调查问卷所收回的数据进行统计分析，得出江西省科技创新公共服务平台运行绩效评价结果，如表7-22所示。

表7-22　　江西省科技创新公共服务平台运行绩效评价结果统计

准则层 (A_1-A_4)	绩效目标	一级指标 (B_1-B_8)	二级指标 (C_1-C_{20})	优秀	良好	合格	不合格	差
客户维度指标(A_1)	改善服务质量，提升平台用户综合满意程度	平台用户认可度 (B_1)	企业对平台使用的满意度 (C_1)	0	3	5	2	0
			科研机构对平台使用的满意度 (C_2)	0	2	7	1	0
		平台用户相关利益产出(B_2)	平台给企业带来的效益 (C_3)	0	3	7	0	0
			平台给科研院所实现的成果转化程度 (C_4)	0	3	6	1	0
财务维度指标(A_2)	为创新活动提供资源，用平台资源创造更多价值	平台投入 (B_3)	科技活动人员数 (C_5)	1	3	6	1	0
			科技投融资水平 (C_6)	0	0	6	4	0
		科技产出 (B_4)	论文与专著数 (C_7)	2	3	5	0	0
			省级以上科技奖励 (C_8)	1	2	7	0	0
			技术市场交易额(C_9)	0	3	7	0	0

续表

准则层 ($A_1 - A_4$)	绩效目标	一级指标 ($B_1 - B_8$)	二级指标 ($C_1 - C_{20}$)	优秀	良好	合格	不合格	差
内部管理维度指标（A_3）	优化管理，促进平台各方合作	外部合作状况（B_5）	成果转化率（C_{10}）	0	4	6	0	0
			承担省部级以上课题数（C_{11}）	3	5	2	0	0
			平均纳入研究机构数（C_{12}）	3	4	3	0	0
		运行制度保障（B_6）	知识产权保护机制完善程度（C_{13}）	0	1	9	0	0
			平台相关政策法规完善程度（C_{14}）	1	2	7	1	0
学习与成长维度指标（A_4）	推动平台建设发展，提升员工素能	平台建设（B_7）	平台信息化建设水平（C_{15}）	0	0	3	6	1
			平台功能完备程度（C_{16}）	0	1	9	0	0
		员工素能（B_8）	科技人员中科学家和工程师比例（C_{17}）	0	3	7	0	0
			员工满意度（C_{18}）	2	3	5	0	0
			员工培训次数（C_{19}）	1	1	8	0	0
			员工对关键岗位的胜任能力（C_{20}）	3	5	2	0	0

7.4.2.1 客户维度绩效的综合评价

假设用 R_{ij} 表示一级指标层的模糊评估矩阵，则根据绩效评价结果统计表 7-22 中对平台用户认可度的评价结果可知，平台用户认可度为：

$$R_{11} = \begin{bmatrix} 0 & \frac{3}{10} & \frac{5}{10} & \frac{2}{10} & 0 \\ 0 & \frac{2}{10} & \frac{7}{10} & \frac{1}{10} & 0 \end{bmatrix}$$

从前面的指标权重表 7-12 中可知，平台用户认可度的指标权重为：

$$W_{11} = [0.666667 \quad 0.333333]$$

故而可以计算出平台用户认可度的综合评估向量：

$$B_{11} = W_{11} \times R_{11} = [0 \quad 0.266667 \quad 0.566667 \quad 0.166667 \quad 0]$$

接着再按照同样的方法，计算出平台用户相关利益产出的综合评估向量：

$$B_{12} = [0 \quad 0.3 \quad 0.65 \quad 0.05 \quad 0]$$

再将平台用户认可度的综合评估向量和平台用户相关利益产出的综合评估向量组合形成客户维度的模糊评价矩阵为：

$$R_1 = \begin{bmatrix} 0 & 0.266667 & 0.566667 & 0.166667 & 0 \\ 0 & 0.3 & 0.65 & 0.05 & 0 \end{bmatrix}$$

再将客户维度的一级指标权重 $W_1 = [0.833333 \quad 0.166667]$ 与 R_1 相乘，即可得到客户维度的综合评估向量：

$$B_1 = W_1 \times R_1 = [0 \quad 0.272223 \quad 0.580556 \quad 0.147222 \quad 0]$$

最后用客户维度的综合评估向量 B_1 与前面设定的分值集 F 转置后相乘，可得出客户维度的模糊评估值 A_1，即：

$$A_1 = B_1 \times F^T = 61.875075$$

7.4.2.2 财务维度绩效的综合评价

同理，可计算出财务维度绩效的综合评估向量：

$$B_2 = W_2 \times R_2 = [0.094755 \quad 0.254552 \quad 0.597357 \quad 0.106667 \quad 0]$$

代入前面设定的分值集后得出财务维度的模糊评估值：

$$A_2 = B_2 \times F^T = 68.260785$$

7.4.2.3 内部管理维度绩效的综合评价

内部管理维度绩效的综合评估向量：

$$B_3 = W_3 \times R_3 = [0.070956 \quad 0.272466 \quad 0.656579 \quad 0.01 \quad 0]$$

代入前面设定的分值集后得出内部管理维度的模糊评估值：

$$A_3 = B_3 \times F^T = 66.66573$$

7.4.2.4 学习与成长维度绩效的综合评价

学习与成长维度绩效的综合评估向量：

$$B_4 = W_4 \times R_4 = [0.033087 \quad 0.109053 \quad 0.507857 \quad 0.3 \quad 0.05]$$

代入前面设定的分值集后得出学习与成长维度的模糊评估值：

$$A_4 = B_4 \times F^T = 56.628225$$

7.4.2.5 江西省科技创新公共服务平台综合绩效评价

将准则层的四个维度的综合评估向量作为目标层的评估矩阵，则对江西省科技创新公共服务平台运行绩效的模糊矩阵构造为：

$$R = \begin{bmatrix} 0 & 0.272223 & 0.580556 & 0.147222 & 0 \\ 0.094755 & 0.254552 & 0.597357 & 0.106667 & 0 \\ 0.070956 & 0.272466 & 0.656579 & 0.01 & 0 \\ 0.033087 & 0.109053 & 0.507857 & 0.3 & 0.05 \end{bmatrix}$$

又因为这四个维度的权重：

$$W = \begin{bmatrix} 0.604233 & 0.200749 & 0.120664 & 0.074354 \end{bmatrix}$$

因此可以得出对江西省科技创新公共服务平台的模糊综合评价向量为：

$$B = W \times R = \begin{bmatrix} 0.021355 & 0.077752 & 0.201339 & 0.040016 & 0.003718 \end{bmatrix}$$

最后计算出江西省科技创新公共服务平台的最终绩效评估值：

$$A = B \times F^T = 63.345030$$

7.4.3 运行绩效评价结果分析

根据绩效评价结果可知，江西省在科技创新公共服务平台的运行绩效综合评分处于合格范围。尤其以学习与成长维度的评估值低于60而显得最为突出，评价等级为"不合格"，结合定性分析以及基于平衡计分卡的定量分析，发现在科技创新公共服务平台的建设与运行过程中存在着一些制约平台稳定有序发展的问题。

7.4.3.1 平台建设冗余，资源整合规划不完善

根据对江西省研究开发平台与资源共享平台数据的分析，在各类平台的建设过程中普遍存在着平台设施重复建设的问题。例如，在研究开发平台的建设上，不仅发改委在着力建设，科技厅也在实施建设。此外，还有其他不同政府部门在建设各自的基础设施和基地的过程中也存在不少属于重复建设的现象。从表面来看，政府部门的重复建设是由于在基地、设施等建设过程中信息不完全，各部门之间在平台建设过程中缺乏有效的沟通，使得在平台建设实施前期没能准确做好项目需求分析与市场调研，从而出现平台设施重复建设。

笔者对重复建设形成机制进行了深入分析，认为产生重复建设还有以下两个原因。

第一,部门利益推动低水平重复建设,羊群效应产生高水平重复建设。在资源开发利用的过程中,虽然政府部门扮演着中介者的角色,但是经济利益不仅能让用户有所收获,政府部门也能从中取得收益,在经济利益推动下,不同部门之间产生了低水平重复建设。与此不同的是,在高水平项目的建设上,不同部门为追逐结构升级带来的利润,平台建设也出现"跟风"现象。

第二,宏观调控体系不健全。重复建设的发生也是宏观调控体系不健全的具体体现。上级政府与下级部门的着眼点有着不同程度的偏差,下级部门往往更热衷于微观活动,而上级政府对资源的调节能力有限,从而造成部分基础设施和基地的重复建设。

7.4.3.2 创新载体总数少,平台建设缓慢

在我国的科技创新活动中,可将不同的组织模式划分为项目模式和平台模式。从长远来看,平台模式能够保障创新主体在长期内维持比较稳定的创新活动,政府通过资助产学研创新平台的建设,能够引导产学研活动在经济社会发展重点领域深入开展。

在江西省现有的研究开发平台中,截至2016年底,国家工程技术研究中心与国家重点实验室总共有14家,这14家国家级研究开发平台中有8家是在"十二五"期间建设成立的。对比湖北的55家、湖南的38家以及浙江的43家,仅从总量上看,江西在研发平台的建设上与周边省份相差甚远。

创新服务平台不仅要发挥创新能力,还要重视服务功能,创新载体就是服务功能的有力保障。虽然江西拥有数量全国第一的国家级高新技术产业化基地,但是在科技企业孵化器方面却存在较大欠缺。科技企业孵化器作为高科技企业提供环境与条件支撑的服务型机构,是创新服务平台中不可或缺的重要部分。但是,由于江西省创新载体起步晚、发展慢,到目前为止,仅有科技企业孵化器21家,而上海已达105家,江苏更是拥有402家,远超江西数倍。此类机构的短缺不利于地区科技型小微企业和科技创业者的起步与成长。

7.4.3.3 平台相关网站质量差,信息化水平低

创新服务平台的信息化建设是通过充分使用现代互联网、云平台等信息技术,在服务平台的建设过程中充分利用各类信息资源,以实现促进信息交流和

知识共享等为目的,从而提升公共服务平台的服务水平和质量。

绩效评价结果显示,在学习与成长维度下,对于平台信息化建设水平的评分最低。此外,目前江西省建设有科技创新公共服务平台、江西省科技信息网等多个创新服务相关网站。从整体来看,网站覆盖面比较全面,各级栏目及子项目提供的服务项目与发达省份相比较为接近,但是网站的易用性与有效性方面存在较大的不足。经过长期观察发现,以江西省科技创新公共服务平台网站为例,网站用户界面设计落后,外观粗糙,同时网站的运行很不稳定,时常出现网站崩溃无法打开的情况。另外,在网站的各个子项目和各功能模块的衔接上,存在大量的死链接或虚假链接,无法实现用户的正常有效使用。

由此可见,在创新服务平台的信息化建设方面,存在着信息化水平低、各环节衔接不紧密等问题。这类问题的产生首先是网站的运营管理机制不完善,各部门在提供信息化服务的过程中没能进行充分协调;其次,平台的运行管理部门对其重视程度不够,导致在长时间内出现网站崩溃无法访问却没能及时恢复;最后,平台的建设没能做到与时俱进,在互联网迅速发展时期没能利用现代技术实现网站升级、服务升级。

7.4.3.4 资金、人才等各项投入不足,平台支撑模式不稳定

大规模的创新活动离不开创新平台的支撑,而创新平台的建设与有序运行又需要有大量的资金以及人才资源的投入。在研发过程中,设备仪器的精度与可靠度对高、精、尖实验有着巨大的影响,提升研发效率、降低研发成本需要在一定程度上使用精密仪器,但是这类仪器设备的使用率往往不高,但又是不可或缺的一部分,因此通过仪器设备的共享共用可大大降低企业研发费用、减轻企业研发负担、提升企业研发热情。通过建设创新公共服务平台、采购与引进创新活动所需的各类仪器设备,可实现这一目标,而此类设备仪器往往价格不菲,故而在硬件设施上需要大量的资金投入。但从绩效评价结果来看,平台在科技投融资方面功能较弱,因此其得分并不高,且从政府的投入角度看,省级财政用于支持科技创新平台建设的经费还不足 1 亿元,远低于平台建设先进地区。平台的稳定运行不能仅靠资金投入,人才也是创新的核心要素。实践证明,人才不仅能够参与创新活动,还能引领创新活动,从而催生出相关产业,

带动区域发展。由于江西发展滞后，加之江西没有国家大院、大所，仅有1所211高校，而高校又是高水平人才的主要集聚地。"两院"院士、长江学者、国家"千人计划"等高、精、尖人才的匮乏，成为江西在人才投入上的一大瓶颈。

总体来看，21世纪以来，虽然江西省在各级财政、人才培养与引进等方面投入都有所增长，但根据中国科技进步统计监测数据，可以清晰看出江西省科技活动投入指数与全国平均水平相差甚远（如图7-9所示）。

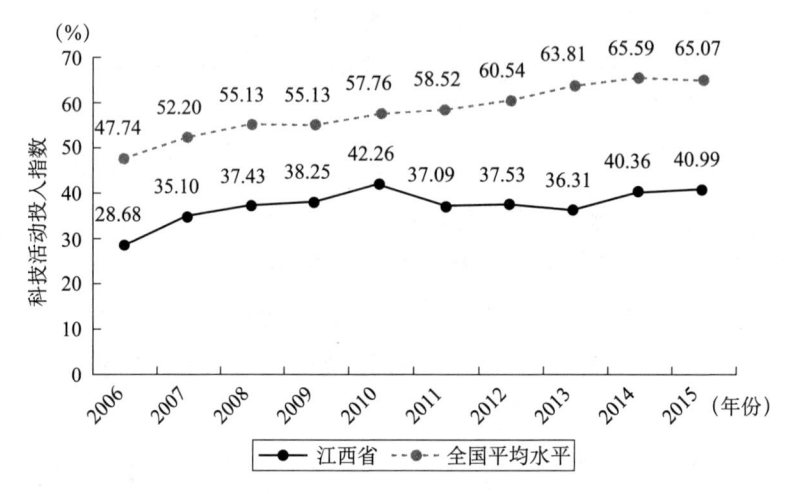

图7-9 江西省科技活动投入与全国平均水平对比

资料来源：根据江西省科技厅公布数据与《江西统计年鉴》整理而得。

7.4.4 小结

本部分是将平衡计分卡运用在平台运行绩效管理的实证研究环节，通过选取江西省科技创新公共服务平台为样本，对其进行定性、定量分析。基于江西省科技创新公共服务平台的战略目标，根据专家学者返回的数据，利用层次分析法取得指标权重值。在绩效评价阶段采用德尔菲法等一系列方法进行了数据统计与处理工作，最终得出江西省科技创新公共服务平台的绩效评估值。根据分析结果可知，平台在建设和运行过程中存在着资源整合能力不足、平台建设缓慢、信息化建设落后以及资金、人才投入不足等问题。

7.5 优化江西省科技创新服务平台的路径对策

7.5.1 平台发展路径优化的设计与选择

7.5.1.1 发展路径的设计

（1）基于政府主导的平台发展路径。基于政府主导的区域科技创新平台发展路径，是指在分散独立且结构不健全的开创探索阶段，政府通过科学的规划和设计，全面开展平台建设，同时在资金上给予扶持，通过科技计划等方式给予支持。

（2）基于官产学研合作的平台发展路径。基于官产学研合作的区域科技创新平台优化发展路径，是指在政府引导下，企业、高校和科研院通过合作互动形成一个完整的创新链，通过集成各方的优势资源，实现合作创新过程中的协同效用，实现研发平台和产业化平台的有效对接和联动发展，即"官"带动"产""学""研"，共同推动区域科技创新平台发展进程。

（3）基于企业主导的平台优化发展路径。基于企业主导的区域科技创新平台优化发展路径，是指在政府的引导示范下，充分发挥国有大中型企业和外资企业在平台建设中的作用，尤其是发挥大型高新技术企业和产业优势企业的作用，利用这些企业的优势创新资源，面向区域科技创新需求，大力发展重点实验室、工程技术研究中心、中试基地和孵化器等创新创业平台。当平台有效运行起来后，政府应适时退出，转而提供制度和政策激励，不断优化区域科技创新平台的结构，提升企业自主创新能力。

7.5.1.2 发展路径选择的依据

区域科技创新平台发展路径的选择是多因素综合作用的结果，选择平台发展路径时，必须综合考虑、多方比较、突出特色、突出重点。只有这样，才能加快区域科技创新平台的网络优化发展速度，提高平台对区域科技经济发展的贡献度，提升区域科技创新能力。具体地，应考虑以下几个方面。

（1）区域科技资源状况。区域科技创新平台发展路径的选择是多因素综合作用的结果，但路径选择所依据的首要方面是区域科技资源状况。主要包括科技创新氛围，科研基础设施状况，科技法律制度建设状况，高校、科研院所、企业研发机构的数量，从事科技活动人员数量，大中专毕业生数量，R&D全时人员数量，科技经费投入及占GDP的比率等。以科技资源充裕的地区为中心，重点发展特色科技创新平台，带动科技资源匮乏地区的平台建设，逐步扩大网络规模。如产学研合作基础较好的地区可按官产学研合作的思路实现平台的快速发展，科技企业较多、发展较好的区域可选择企业主导的发展路径，但企业化运作是区域科技创新平台优化发展的最终要求。

（2）区域产业结构特征。不同产业、不同规模企业的技术开发和创新方式不尽相同，而且不同规模的企业对各产业创新的贡献也因产业不同而有所差异，区域产业结构与企业组织结构等在很大程度上决定了区域科技创新平台优化发展路径的选择。中小企业具有成本低、创新周期短、创新动力大以及灵活多变等特点，对科学仪器行业、造纸和纸板工业以及部分机械行业等的创新贡献较大，但对航空航天、汽车、药品、染料、玻璃、水泥、铝、钢、合成树脂和造船的创新贡献较小；而大企业对于资本密集型产业和创新领域跨度大的创新贡献较大。因此，不同地区产业结构的差异使得企业作为创新主体的类型也是不一样的，从而决定了区域科技创新平台优化发展路径的不同。

（3）平台优化发展水平。区域科技创新平台优化发展水平决定了其对科技创新活动的支撑能力以及对创新成果的吸纳和应用能力。因此，在平台发展的过程中，应通过科学合理地判断本区域科技创新平台的发展水平，适时调整发展路径。如在平台发展初期，由于机制、体制、环境等的不健全，建议采取政府主导的发展路径，将重点放在营造环境、完备机制、完善制度等方面。随着科技创新平台规模的不断扩展、网络结构和功能的逐步健全，区域应根据其特色，按照基于官产学研合作的发展路径推进科技创新平台的优化进程。当科技创新平台形成后，政府应逐步退出平台的建设和发展，区域应基于企业主导的发展路径，实现平台的持续运行。

总之，各区域政府应在充分调研科技创新平台发展的条件下，测度发展路径选择的依据，在发展水平的基础上，依据区域科技创新平台发展各阶段的特点，判断本区域科技创新平台所处的战略发展期，进而选择合理的优化发展路径。

7.5.2 基于政府主导路径优化的相关策略

在科技创新平台发展过程中,政府既是决策者,又是执行者,还是监督者,应充分发挥其在环境、组织、公共服务、制度等方面的功能,为平台优化发展提供一个良好的环境。公共服务平台、高新区和科技园等的建设和发展,是政府科技工作的重要内容。

7.5.2.1 营造良好的资源共享环境

区域科技创新平台是基于各方优势开展创新活动的场所,是以资源共享为核心的载体,其持续发展需要一种共享环境。并且科技创新平台的开放性、协作性、交互性等特点也要求平台在建设过程中要树立起开放、协作与交互的观念。只有当科技资源共享的理念为全社会所认同时,才能提升全社会科技资源共享程度,有效发挥平台对创新的支撑作用。因此,区域政府应努力协调各类平台、营造共享文化氛围,使科技创新平台成为创新资源和创新人才聚集的场所。首先,要建立起政府主导、舆论导向、利益主体单位引导和个人自省相结合的共享导向机制,政府要通过各种方式和手段大力宣传科技资源共享的必要性,向社会公众和科研人员灌输资源共享的理念,增强政府部门的资源共享意识,培育科技资源共享的良好的社会文化环境。其次,要加快电子政务建设,最大限度地公开信息,使科研机构、企业、高校和公众都能共享政府信息资源;要鼓励资源拥有机构积极探索多种途径的共享活动,推广共享成功经验。再次,鼓励媒体大力宣传科技资源共享的社会价值,倡导共享精神。最后,加大网络资源建设的经费投入,减少重复建设,协作开发丰富的高质量科研资源,如通过认证或收购建立共享的资源库,尽量减少重复建设,保证投入的经费能够最大限度地发挥作用,产生最大化的效益。

7.5.2.2 建立完备的组织协调体系

区域科技创新平台的组成机构及其资源是跨地区、跨部门组合而成的,其运行和管理难度相对较大。因此,要推进平台发展进程,首先应从整体上构建有效的组织协调体系。这一体系以区域政府管理部门的指导为前提,以科学规划和政策制度为保障,以科技创新综合服务平台及其他服务机构为支撑,由宏观决策层、中观管理层和微观操作层三个层面构成(如图7-10所示)。

（1）宏观决策层面：成立由政府领导、有关部门负责人组成的"区域科技创新领导小组"作为协调指导机构，通过决策层面的互动与沟通，对平台发展进行统一规划，制定相关配套政策等。（2）中观管理层面：设立"平台管理办公室"作为监督和执行机构，挂靠在区域政府科技厅局的相关职能处。其主要职能包括：以工作条例为依据，落实有关政策；将阶段性绩效评估和年度开放运行考核与政府补贴相结合，定期组织有关专家考核平台发展水平并提供咨询服务；动态监督及控制，对没有存在价值的直接撤销，或根据平台建设规划进行适当合并和重组。（3）微观操作层面：由高校、科研机构、企业和中介机构等具体部门成立平台服务中心，以专家咨询委员会为组织形式，以各方达成的合作契约为依据，引导各类平台向企业集聚，并根据各类平台发展的需求和实际，优化组合各方创新资源，实现三大子平台的有效衔接，从微观层面促进区域科技创新平台的形成。

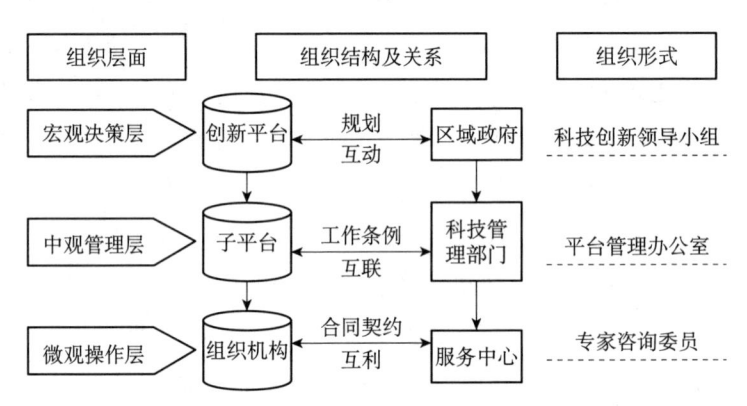

图7-10 区域科技创新平台发展的组织协调体系

7.5.2.3 制定并完善激励和竞争制度

（1）激励制度。各组织机构参与合作创新的积极性是科技创新平台持续发展的基础和关键，因此，除了组织保障机制和协同整合机制外，还应重点突出激励在平台网络化发展中的作用。具体包括三个方面：①政策激励。一是通过财政、税收、土地、信贷等优惠政策，加大对创新的支持力度，如对从事并服务于技术开发、技术转让、技术培训、技术咨询、技术服务的各类平台所取得的技术性服务收入，免征收企业所得税；二是通过表彰奖励做出重大贡献的单位和个人，以精神奖励为主、物质奖励为辅，充分肯定其在实施科技创新平台发展战略中的应有地位。②产权激励。产权分为有形资产产权和无形资产产权（知识产权），对各类平台所依托的主体而言，无形资产的产权激励更为直接且有效。可以通过推行技术成果参与分配、科技人员持股、技术作价入股等方式，保证平台各机构及科技人员的合法权益，体现知识资本在成果转化和产业化中应有的经济价值，为平台长期、稳定、全面发展提供有效的激励方式。③评价激励。科技创新平台的建设和运行过程是一个优胜劣汰的过程，要实行严格考核，奖优汰劣。应把科研成果产业化、社会化作为衡量平台运行效率高低的重要标尺，把是否推动经济发展和社会进步作为评价平台发展水平的一项重要指标。政府部门要充分发挥监测评价的导向作用，通过建立科学合理的绩效评价机制，并邀请专业人士和服务对象共同参与来完成相应的评价过程，定期对科技创新平台发展水平进行监测与评价，及时发现并予以矫正平台运行过程中存在的问题，对共享面狭小、管理不善、使用率低、经济和社会效益差的平台要逐步淘汰，保证平台功能得以充分发挥，实现其可持续发展。对政府投入大的平台，可以尝试建立一种由企业已经广泛采用的平衡计分卡为基础而衍生出来的评价办法，从财务视角（业务增长、收益率和风险）、顾客视角（创造价值和产生的影响力）、内部运作流程（服务质量和满足创新需求的效率）、成长性（平台机制革新和成长的气候）等不同视角兼顾科技创新平台公共服务属性和发展需求。

（2）竞争制度。区域科技创新平台网络的发展应体现竞争原则，有竞争才会有发展。首先，政府要制定一个科学的科技创新平台发展评估考核指标体系，在制定相关政策时，应鼓励各类平台之间的相互竞争，定期对各个平台进行评定，对于达不到指标要求的平台要给予黄牌警告，直至摘牌，以此推动各类平台的竞争发展。其次，平台管理人员之间要建立起相互竞争的机制，实行聘任制，面向社会公开招聘、择优录取、竞争上岗。最后，科技创新平台优化发展过程是一个优胜劣汰的过程，对共享面狭小、管理不善、使用率低、经济和社会效益差的平台要逐步淘汰。可采取两种方式进行：一种是在市场机制的作用下，通过自发竞争实行优胜劣汰；另一种是对政府投入大的平台，通过建立科学合理的评价体系，实行严格考核，奖优汰劣。通过竞争激励，逐步形成布局合理、功能完善、体系健全、共享高效的区域科技创新平台。

7.5.2.4 实施人才留驻和使用工程

人才是实现区域科技创新平台网络化发展的首要要素和第一资源，也是平台运行的智力保证。因此，应通过专业化人才队伍的建设，为平台优化发展提供人才保障。

（1）实施科技人才留驻工程。在区域科技创新平台发展过程中，首先要实施科技人才留驻工程，将培养和引进科技实用型人才和科技领军人才作为平台建设的重要内容。通过加大人才引进的资金和政策投入力度，加大对杰出科技人才的激励力度，通过对人才评价机制、分配制度、奖励制度等的改革，营造出有利于留住人才、用好人才、吸引人才的内部环境。同时，采取更加有力的政策措施，用好现有人才、稳住关键人才、培养后备人才、引进优秀人才，不断优化人才结构，培养和造就一批高水平的从事科技创新、成果转化、创新服务的科技人才。

（2）改革人才管理和使用制度。调整原有的人事档案管理等制度，进一步完善和提高人才市场服务职能，建立开放灵活的人才吸引和人才流动机制，促进合理分配人才资源。以人才资源的合理利用为中心，深化用人制度改革，建立有利于人尽其才的机制。建立与人才贡献相适应的人才激励机制；建立为优秀人才脱颖而出的成才机制；建立符合社会需要和各类人才特点的人才培养机制；建立政府、企业、高校和社会组织的多元化人才培养投资机制。建立人才凝聚机制，培育并形成一支专门从事科技信息服务的管理与技术支撑的人才队伍，建设一支老中青相结合、专职与兼职人员相结合、各专业相结合的有梯度且有层次的人才队伍。

7.5.3 基于官产学研合作路径优化的相关策略

"官产学研"这种外部交互形式是区域科技创新平台优化发展的重要途径（如图7-11所示）。主要包括四个方面：一是要完善官产学研合作机制，鼓励高校、科研院所、企业通过双边或多边合作，对关键领域的平台进行联合建设，并提高各方的自主创新能力，增强平台发展后劲；二是构建产学研一体化的中介服务体系，包括资金运营、技术攻关、成果转化等一系列服务机构，促进产学研之间以利益为纽带开展合作；三是要建立完备的信息互动机制，实现区域科技创新平台内部知识的流动和转化，形成"开放、合作、互动"的新格局；四是要加强与国际的交流及合作。

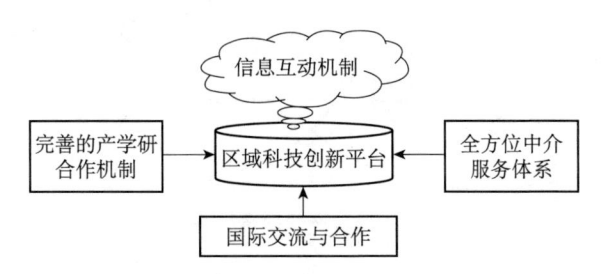

图7-11　基于官产学研合作的区域科技创新平台发展路径

7.5.3.1　完善官产学研合作机制

完备的官产学研合作机制是推进区域科技创新平台走向成熟阶段的关键。这里的官产学研合作机制是指在政府的引导下，高校、科研院所、企业以利益为纽带、以资源整合为基础，共同承担平台建设项目，形成推进平台培育和发展的综合优势（如图7-12所示）。（1）动力机制：政府应在科技计划中加大对产学研合作的支持力度，优先支持产学研联合申报的项目。鼓励产学研共建重点实验室、工程中心、产业化基地等各类研发及产业化平台，对有利于资源整合和符合区域特色的产学研合作共建平台项目给予重点支持。（2）建立官产学研合作的双边或多边协作机制。通过技术联盟、委托开发、项目招标、共建实体、联合培养人才等多种形式，推进产学研从以技术要素为基础的单一合作转向以人才和资本为基础的多要素、多样化的合作。通过采取股份制、会员制、理事会等多种运作形式，拓展产学研合作范围，鼓励产学研各方共建并进行广泛的交流与合作。（3）监管机制：根据产学研合作共建平台项目的重要性、复杂性、紧迫性以及涉资金额的大小，采取不同的监管方法。对重大基础性平台（如资源共享平台）建设项目，政府应对产学研各方进行全过程监控，设计科学合理的监控指标及评价方法，也可以委托中介服务机构，监督产学研各方行为，确保项目的顺利实施。对于承担一般性平台建设项目的产学研各方，政府可以采取项目抽查或面上检查的方式对其进行监管。

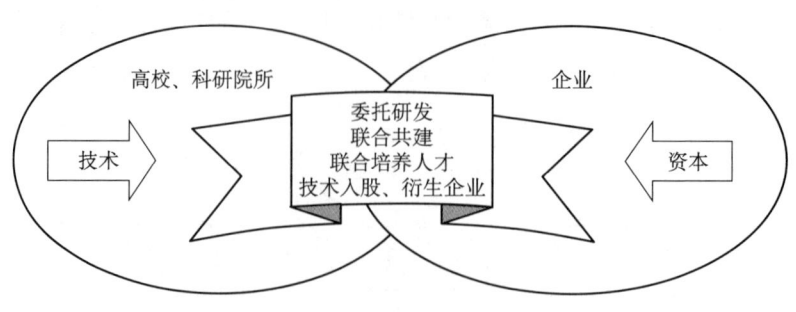

图 7-12　产学研合作方式

7.5.3.2　构建全方位中介服务体系

有效的创新是各类科技创新平台之间密切互动的结果。科技中介作为联结产学研技术需求方和技术供给方的机构，是子平台之间互动合作的桥梁。科技中介服务体系既包括为科技创新提供各类服务的专业中介机构，也包括为区域科技创新提供服务活动的政府、企业、高校和科研院所等。构建全方位的科技中介服务体系，为科技创新活动提供信息、技术、人才、金融、评估、法律、经营管理等方面的服务，逐步形成组织网络化、服务产业化、功能社会化的科技中介服务体系，为区域科技创新平台优化发展提供有效支撑。（1）政府应积极推进科技信息服务、技术产权交易、科技信息咨询等科技中介机构的发展，使中介机构逐步代替政府发挥组织协调和信息交换的功能。通过整合科技创新平台中的无序信息，有针对性地传给特定需求对象，可以增加平台中的信息量，提高创新资源的使用效率，为子平台之间的互动提供一个良好的渠道。（2）推动专业化中介机构的发展，重点强化其服务能力，使其成为区域科技创新平台信息扩散和信息对接的重要窗口。专业化中介机构包括科技中介服务机构、经济鉴证中介服务机构、法律与知识产权中介服务机构、证券与风险投资中介服务机构、咨询机构、第三方认证中介服务机构、人才交流中介服务机构以及行业协会等。（3）针对科技、法律、知识产权、风险投资和咨询等重点中介行业，建立中介机构的定期评估制度，为区域科技创新平台的运行提供高效优质的服务。

7.5.3.3　建立完备的信息互动机制

区域科技创新平台的良好运行需要建立起完备的信息互动机制，通过产学研各方人才资源信息、科研信息、技术需求、市场和技术发展信息以及国外前沿信息等多种信息资源的共享，推进平台的优化进程。

（1）建设完备的信息网络系统。利用计算机和网络技术等手段，建立科技信息资料库，建立起面向市场、面向全国、面向全球的科技创新平台信息网络。这一信息系统的建设是一项复杂工程，需要技术、管理、人员和观念等多方匹配，还要能够与相关组织沟通，保证信息的获取和传递渠道畅通无阻。为此，在系统开发过程中应注意以下几个问题：第一，要加强对信息系统重要性的认识。科技创新平台信息网络系统虽然在建设初期花费不菲，但从长远来看，能够保证平台创新服务的高效性以及决策的科学化。因此，应从提高平台管理水平和核心能力建设的高度来认识信息系统的建设。第二，信息系统在建设过程中要鼓励全员参与。通过各主体的充分交流和沟通，保证系统的数据来源和应用效果。第三，建立统一的标准。平台信息网络系统不仅涉及某一个区域的平台自身信息化的建设，还要实现与其他区域平台的信息系统对接，所以应制定一个统一的技术标准才能开展数据的共用共享，标准的制定首先要取得相关组织机构的认可和支持。第四，信息网络系统的建设是对平台内部管理和组织构架的重新梳理。所以，系统的建设过程也伴随着平台组织内部各个方面的管理改进，这一过程漫长且复杂，要有计划、分阶段地实施。

（2）政府积极给予项目引导。项目是区域科技创新平台联动发展的主要形式，技术含量高、市场容量大、附加值高、发展前景好的科技研发与创新项目是平台可持续发展的根本。因此，应以科技项目为纽带，促进三大平台联动发展。区域政府要围绕国家和地方科技计划项目的选题方向，通过定期举办项目洽谈会等方式，鼓励平台各组织机构之间的合作与协作，进行项目研究和攻关，实现需求和项目对接。同时，建立协调各方平台的管理机构，明确成果利益分配原则，监督和促进以契约为机制的合作，保证各方实现"风险共担，利益共享"。

7.5.3.4 加强与国际的交流及合作

在科技资源全球化配置和科技要素全球性流动的新形势下，区域科技创新平台发展水平的提升，将在更大程度上受到外界的影响。因此，高校、科研院所等应积极主动地加强与国际的交流，开展全方位、多层次的科技合作，拓宽合作范围和领域，打造国际科技合作平台。首先，要广泛联系不同国家和地区的创新平台，建立有效的交流沟通机制，学习和借鉴这些组织在运作机制和经营管理等方面的经验。其次，要积极加入世界上主要的跨国性创新平台，依托国际性网络平台，获取更多更全面的有关平台改革发展趋势和交流合作渠道等方面的信息，在更高层次上拓展区域科技创新平台发展空间。最后，要在国际科技界共同关注的重大问题上努力发挥自身的作用和影响，积极参加国际重大活动和会议，参与国际重要研究计划，研究解决创新过程中共同面临的各种问题；积极参与一些国际科技规则、标准和决议的制定，以及重大科技和社会问题的处理过程。

7.5.4　基于企业主导路径优化的相关策略

在创新型国家建设进程中，企业作为创新主体，应在区域科技创新平台网络化发展中发挥其应有作用。对主要来源于社会、服务于产业化和市场化，且产业基础较好或符合市场化特点的各类科技创新平台，应主要依靠市场机制，基于企业主导实现平台网络化发展，在此过程中，政府主要起着政策扶持和引导的作用。

7.5.4.1　完善企业参与机制

企业的创新主体地位决定了其应当是推进区域科技创新平台形成的重要力量。但由于科技平台具有公益性和外部性等特点，使得企业在参与过程中存在"搭便车""囚徒困境""依赖症"等现象，极易导致平台走向衰退。因此，有必要建立起一套完备的企业参与机制，消除各种参与障碍，实现"企业高效参与，平台服务企业，企业自主创新"的良性循环（如图7－13所示）。

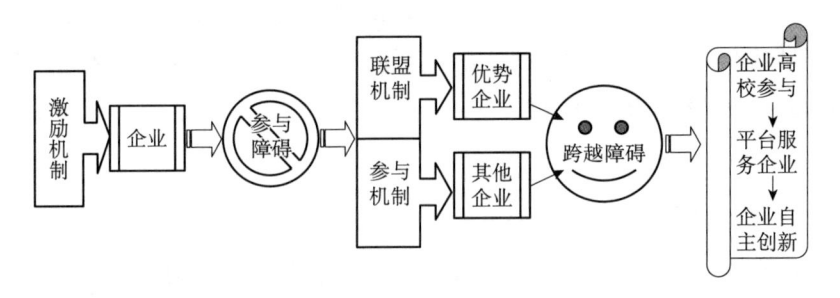

图7－13　区域科技创新平台的企业参与机制

该机制包括企业参与前的激励机制以及参与后的联盟机制和参与机制。
（1）激励机制。一是要明确重点优势企业在区域科技创新平台发展中的重要作用，注重鼓励和提高重点优势企业参与创新平台建设的积极性。政府可以通过设立专项经费、支持重点项目、科技金融政策等方式鼓励有条件的重点优势企业独立创建平台。二是要增强中小企业参与平台建设的意愿，可以鼓励中小企业结成联盟，通过持股、技术成果参与分配、技术作价入股等方式组建各类创新平台，同时要明确各企业应有的股权，保证企业的合法权益。（2）联盟机制。通过联盟机制，推进企业参与平台建设，建立运行的良好合作关系和信任机制。一是通过契约、产权规则和约束条例等正式的制度安排，规范并监督中小企业的参与行为。二是建立有效的进入和退出机制，允许中小企业按相关制度（如让出部分股权）退出平台建设，保证企业退出但不影响平台的运行。(3) 参与机制。利用区域内政府、企业、高校、科研院所和中介机构等相关主体的社会网络关系及其产生的信任等参与方式（如创新论坛、CLUB、私人活动等），推进大型企业跨越"参与陷阱"，高效参与平台建设和运行。

7.5.4.2 积极吸引外资企业

外资企业在带来设备、资金等的同时，也带来了大量的管理和生产等技术和经验，可以提高各类平台的创新和服务水平。尽管我国已成为吸引外资企业最多的国家之一，但仍存在效率不高、地区分布不均衡等问题。首先，区域应根据其经济科技发展水平及吸引外资企业能力的不同，对外资企业有所侧重，分类指导，发挥外资企业在区域科技创新平台优化建设和发展中的促进作用。提高高新技术领域吸引外资企业的比重，大力发展研发中心和各类产业化平台，逐步淘汰土地集约利用水平低和投入产出效率不高的投资项目，提高技术和资金的密集度。其次，进一步改善外商投资环境，鼓励各类平台与跨国公司积极开展交流与合作。鼓励跨国公司在中国设立更多的研发中心，进驻国家级开发区，发挥其示范辐射及带动作用。最后，强化对外商投资企业的监管，强调企业的社会责任，并完善吸引外商的质量考核体系，加强对外商投资的统计和联合年检，提高对外商投资的管理水平。

第 8 章

区域科技服务平台创新能力提升的国际经验及启示

8.1 政府作用与区域科技服务平台创新能力提升

当今世界，发达国家和地区引领着世界先进技术和创新的潮流，特别是美国的科技综合实力强于其他国家，而印度的软件产业、中国台湾地区的计算机产业、韩国的汽车产业等也都在世界产业舞台上占据重要地位。从这些国家和地区技术进步的历程来看，其区域创新平台的建设和完善都是积累后发优势，在学习中不断创造，在创新中缩短与世界先进国家或地区的差距。

8.1.1 芬兰：政府主导，运行高效

《2013—2014年全球竞争力报告》展示的全球竞争力指数显示，瑞士连续5年排名世界第一，新加坡第二，芬兰第三，之后是德国和美国。从2001年开始，芬兰的全球竞争力稳居世界前列，其强大竞争力的原因中既有经济因素也有非经济因素。研究表明，芬兰从上到下都非常重视创新，各个区域都拥有较为成熟完善的区域创新平台系统，芬兰各级政府的政策制定者都会根据其区域经济社会发展的不同阶段制定适当的引导政策，这个过程成为芬兰区域创新系统不断完善和发展的持续动力。

芬兰的农业和林业资源丰富，在第二次世界大战之前是农业大国，虽然具有一定的工业基础，但由于长久发展以来资源有限，国内市场狭小，需求不

足，工业化、信息化发展较为缓慢。20世纪50年代，芬兰积极推动经济、社会、管理等方面的改革，采取不断加大基础工业投资、快速扩大出口、积极发展集体经济等方式，推动木材加工、造纸、机械、冶金等产业快速发展，形成了依赖森林资源、生产和出口相关产品为主的国民经济结构，实现了经济的快速发展。作为能源短缺的国家，芬兰当时80%以上的能源都需要依赖进口。20世纪70年代，国内面临通货膨胀和发展减速的双重压力，加上当时世界范围内的两次石油危机，芬兰的粗放型经济增长模式开始走下坡路，出口优势受到了极大挑战，发展节约集约型经济成为全社会的普遍认识。因此，芬兰政府采取了一系列推动制度变革和组织创新的政策，取得了积极成效。主要政策有：一是加大教育和研发投入。从20世纪80年代开始，芬兰研发经费的占比从1981年的1.17%提高到1991年的2%。二是推动产业制度创新。20世纪80年代由芬兰政府主导，全国开始发展电信产业，通过制定《电信法》等一系列法律法规，加快完善产业发展的法制环境；通过完全开放国内电信市场，推动市场环境不断完善。诺基亚也成为芬兰电信业发展的重要代表。三是推动科技和教育管理制度创新。1983年，芬兰政府在贸易和工业部下成立了国家技术局，着重加强对企业技术发展的支持和管理。1987年，成立了科学技术政策理事会，对全国的科学研究和技术工作进行统一领导。1982年开始，在全国范围内建设大学科学园，为芬兰科技的跨越式发展打下了坚实的基础。四是着力引进国外先进技术，敦促企业"走出去"，实现国际化。相关研究表明，芬兰的技术引进主要采用吸引国外直接投资，建立合资合作型企业，采用合作式设备引进和使用等方式，推动企业走出去和技术引进来。芬兰的技术引进均站在本国技术力量的立场，避免盲目引进和不消化、不吸收的引进。在推动企业"走出去"方面，芬兰建立了为出口企业提供担保和配套服务的机构，主要实现贷款授信、信用担保等相关职责。

20世纪90年代，芬兰引用"国家创新体系"的概念，进一步调整创新政策内容，充分利用加入欧盟的机遇，推动国内机构与欧盟各国开展大力合作，大大提升了国家竞争力，逐步形成以知识为基础的经济运行方式。芬兰的国家创新平台体系规模庞大、功能齐全，工作流程高效严密，自上而下可以分为六个层次（如图8-1所示），下面将作详细阐述。

```
                                      ■ 议会、内阁、科学与技术政策理事会
         首要政治机构
                                      ■ 教育部、贸易和工业部、贸易促进委员会
      政策解析与描述机构                 ■ SITRA、TBSEG、发明基金会
                                      ■ VTT、教育科研机构、企业
     政策调制与指导机构                   ■ 技术科学园区、专业研究中心网络
                                      ■ 风险投资
    研发创新执行机构
   知识与技术转移机构
  商品供应与服务供应机构
```

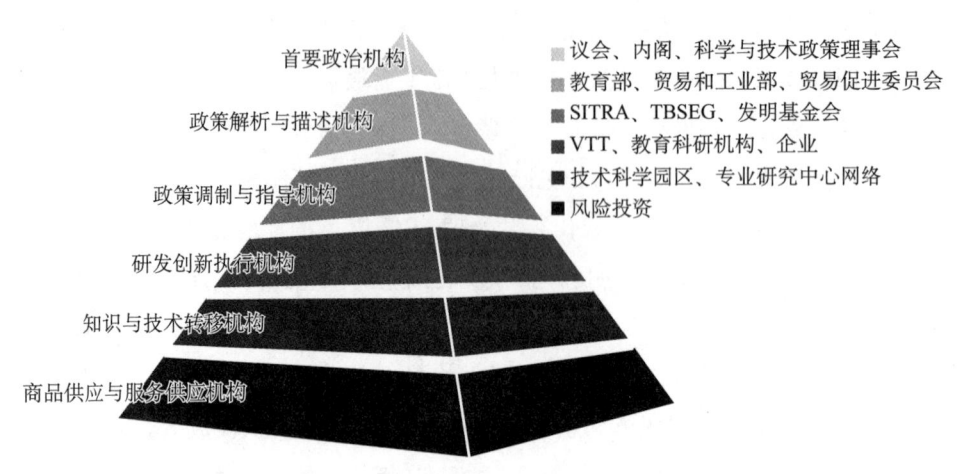

图 8-1 芬兰国家创新平台体系的层级

首要政治机构是国家创新体系的领导者，主要由议会、内阁、科学与技术政策理事会组成，其职责是决定芬兰创新体系研发方向与方式中的各种关键要素。由总理组建的芬兰科学与技术策略理事会是最重要的战略性行为主体，突出强调高素质的大学教育和技术领域研究在国家创新系统建设中的必要性，体现在国家研发投入增加和创新文化的培育方面具有其他机构所难以取代的重要地位。政策解析与描述机构是芬兰的中观调控机构，主要由教育部、贸易和工业部、贸易促进委员会组成，下设部分高校和芬兰科学院，管理国家技术代理机构与部门内研究机构从事相关的研究。贸促会是芬兰政府和企业共同参股组建的，通过商业服务的形式向各类型的企业提供贸易、报关、通关、税收等方面的相关服务，在促进芬兰企业出口提升方面起到了非常重要作用。

政策调制与指导机构是促进市场运作与政府意志结合的机构，包括芬兰国家研究发展基金，国家技术创新和发明基金会。芬兰国家研究发展基金是芬兰国会监管下的独立性公共基金会，其重要职责在于促进技术成果的商业化和种子项目的融资，同时也参与部分国家科技战略的研究和制定工作。国家技术创新是芬兰投资于研究和开发的主要国立机构，为公共部门和私营企业研发创新项目提供资助及网络支持。芬兰发明基金会重点支持和促进科技发展的商品化，推进技术发明在生产中的应用，通过支持和保护科技发明、科技专利、专利所有权等，在技术发明所有者、大学和研究院所、市场和产业之间架起沟通联系的桥梁。

研发创新执行机构是研发执行的中坚力量，芬兰的研发创新执行机构核心部门是由技术研究中心、教育类的科研机构、企业以及知识与技术转移机构组成。芬兰技术研究中心是北欧最大的多学科研究机构，帮助客户开发新产品、更新生产方式和服务，开拓新的商业领域，促进科研单位与工业产业相结合，推动科技成果转化。教育科研机构以技术为中心，企业是技术创新的重要参与者，也是技术成果的直接受益者。芬兰绝大多数企业设置了科学研究机构和技术开发部门，其国内最大的20家企业的研发支出总和是大学的2倍。

知识与技术转移机构重在促进基础研发与应用研发融合，即建立产学研结合"三位一体"的技术创新机制，这也是芬兰建立世界上最有效的国家创新体系的关键因素。全国性的技术开发区和专业研究中心网络提供的服务包括初始分割计划和"孵化器"。

商品供应与服务供应机构促进科技与资本的融合，私营制造和服务公司、公有服务部门——国家企业、商业银行、风险投资商等，主要以建立种子基金和发放启动资金的形式，向处于启动阶段并具有创新能力的高技术企业和中小企业投资。

总体来看，芬兰是国家创新系统（NIS）理论的优秀实践者，充分运用"资源整合"思维，将创新思想贯彻于"人"，培养全民的主动创新意识。同时，政府在国家创新体系的形成和演变中发挥着重要的作用，从教育系统、产学研合作体系、创新支持系统等的成功演变来看，无一不是政府人力推动的结果。此外，芬兰在产业发展的过程中要注意培养主动创新的能力，推动一些传统产业仪器设备从"以引进为主"向"以自主研发为主"的转变，掌控了核心技术手段，带动科技进步和产业升级。

完善区域创新系统也是一个长期动态的过程，需要部署长远战略。2000年，科技政策理事会提出，芬兰要"迎接知识和技能的挑战"，两年后，芬兰全国上下提出了加强"知识、创新和国际化"战略思路及战略举措。此后，通过全面推进信息社会的建设，芬兰的科技创新能力和水平得到进一步的提高，将构建高质量的教育和科研系统、转变政府职能、推动科研机构改革、提高国家创新系统动力作为长期发展战略。芬兰转型为创新型国家，电子信息、森林产品、冶金机械三大产业迅速发展，国民经济产业体系进一步完善和升级，特别是国家研发投入不断上升，到2001年之后，占GDP的比重持续保持在3.5%左右，芬兰经济运行的重点已经转移到依靠技术创新和出口高技术产品上来。

8.1.2 印度：园区引领，政策主导

20世纪80年代以来，为了加快推动国家创新平台建设、提高国家竞争力，印度政府提出了重点发展计算机软件业的战略目标。1991年，在班加罗尔建立了第一个软件园。之后，通过开展制度改革和创新、加强人才支持、加大基础设施建设等方式，加大对计算机软件产业的扶持力度。

在吸引投资方面，印度政府实施了免除进出口软件的双重税赋，软件业实行零关税、零流通税和零服务税等一系列支持政策，通过允许软件企业加速折旧、放宽外资软件企业进入印度的壁垒等政策，印度政府对进入园区的海内外投资者给予支持，这些非常具有吸引力的政策大大促进了国内外计算机行业的各类公司和拥有计算机软件相关经验的人员到班加罗尔创业就业，提高了该园区的竞争力和发展潜力。

在人才培养方面，印度班加罗尔的软件人才队伍拥有大量的高素质技术人才，不仅掌握英语，而且素质仅次于美国，这远远超过亚洲任何一个其他城市。每年通过遍布全印度的1832所大学培养出近68万名软件技术人员，成为软件开发产业发展的有力支撑。同时，印度多家民办软件人才培训机构，每年都为各类大中小型企业培养大量初中级软件实用人才，为软件产业的发展提供了强大的人才支撑。人才培养方面，政府也给予众多优惠政策和激励措施。

在基础设施建设和制定法律、法规制度方面，印度政府对各类园区的支持主要体现在加大基础设施建设投资力度方面，特别是将投资重点向园区内中央计算机系统、卫星高速数据通信系统等方面倾斜，为园区信息化发展提供了支撑。同时，印度政府制定了一系列保护政策，如《印度证据法》《印度储蓄银行法》《银行背书证据法》等，为电子商务的发展提供了法律保障。

总体来看，在区域创新平台建设中，芬兰、印度各级政府都发挥了重要的主导和推动作用，通过建立完备的法律制度体系，对知识产权加以保护，规范区域经济、协调市场竞争、提高企业积极性方面作用显著。为营造创新服务环

境，两国政府通过不同程度的优惠政策，不断完善创新服务体系，吸引投资、鼓励和帮助企业发展，乃至促进整个区域经济的发展都有所体现，但具体采用的方式方法方面略有差别。芬兰政府主要通过区域创新平台系统的完善和广覆盖，促进区域创新能力和效率的不断提高。印度政府出于对软件行业的重视，采用了重点扶持的手段大力发展软件业，效果突出。

8.2 企业创新行为与区域科技服务平台创新能力提升

美国杜邦公司拥有200多年的历史，是以科学为基础提供产品和服务的科技型企业。目前的业务平台主要有农业与营养、涂料与颜料技术、电子与通信技术、高性能材料以及安全与防护业务平台等5类，生产和提供5万多种产品。2012年全年销售额为348亿美元，较2011年增长3%，其中在新兴市场的增长幅度为6%。[①] 技术创新是杜邦公司的灵魂，是杜邦长久发展的基础，在200多年的发展历程中始终指引该企业发展的方向。

总体而言，杜邦公司的技术创新战略体现在四个方面。（1）更加专注于市场需求。通过努力研发让企业科技产品与市场和消费者走得更近，更有助于企业找到针对性的目标，大大加快科技研发成果转移转化的速度和效率。（2）不断加快产品和服务更新速度。减少商品从概念到商品化的时间是提高生产效率的重要方式，杜邦公司的技术创新过程以这种方式提高了创新效率。（3）通过更多的合作方式推动技术联合创新。通过广泛开展合作和技术联盟，将市场需求、产品更新换代与其他机构、企业的研发结合起来，共同积极面对全球化、知识化和信息化的发展大趋势，如与麻省理工学院、相关研发企业、供应链上下游的客户开展协同创新研发。（4）协力创新激发创新活力。2012年，杜邦公司提出了"协力创新"的概念，其出发点是应对激增的世界人口所带来的挑战，包括保证粮食供应和食物质量、提高能源使用效率并研发替代能源、保护人类与环境的安全，这都需要超越地区和行业，开展广泛的合作。

---

① 资料来源于 Elsevier Science Direct 数据库。

8.3 产学研合作机制与区域科技服务平台创新能力提升

8.3.1 美国的产学研合作机制

美国是产学研联合的发源地,主要有科技工业园区模式、企业孵化器模式、高技术企业模式。

科技工业园区模式。美国的科技工业园区模式,是以研究型大学为核心和依托,将从事相关研究与开发的实验室设在研究型大学周围,充分利用这些机构的科技和人才优势,建立高科技产业园区。通过产学研的深度合作,促进大学、科研机构和企业之间产学研成果的交流和转让,实现高校研究成果的快速转化。同时,在科技园区内为中小企业进行研发、生产和经营给予各类政策优势,推动园区内部企业实现良性互动,共同发展壮大。

企业孵化器模式。地方政府或非营利机构主办的孵化器,重点是创造就业机会、推动地区经济发展;大学和研究机构主办的孵化器,主要目的是提高高科技产品的研发能力和竞争力;风投公司、种子基金等主办的孵化器,则以为项目寻求资金支持为主;公私合营的孵化器则是针对特定时期特定阶段经济发展的方式提出的,具有较为广泛的适用性和较高的产出效率。

企业与大学合作研究中心和工程研究中心模式。这类型的产学研模式,由大学与一些企业共同组成的联合研究中心负责、多个学校与企业共同合作组成的,也有企业大学合作研究中心的形式出现,保证这类研究中心针对企业需求,提高科技成果转化效率和研发的效率。

产学研合作教育模式。主要由技能型合作教育制度模式和排除学习型合作教育制度模式组成,前者是指在工程、建筑、设计等领域,通过企业为在校学生提供稳定的社会实践和毕业就业方向,实现学校与企业的联合;后者则是以学习和社会实践的定期化、常规化为主,帮助学生以工作的方式完成学业。

8.3.2 英国的产学研合作机制

英国的产学研模式主要是政府推动产学研的形式。

政府重点支持中小型企业开展高新技术产业方面的投资,并通过与高校、科研机构的合作来提高其核心竞争力。政策倾斜对中小企业的扶持，可以培育一大批各种类型的富有活力和创新能力的小企业，成为创新体系的重要内容。英国政府在1993年5月发布的科技白皮书，标志着政府在产学研方面的一项重要举措，此后的《英国的国家创新系统》进一步推动了产学研合作的深化。

产学研合作研究园区模式也是英国推动产学研合作的重要方式。以产业集群为重要载体，在区域创新的政策、法律法规的保障，制度和法制方面的规范与支持，都为产业集群创新提供了良好的氛围和环境。

英国大学开展产学研合作也通过学生培训计划和联合聘请教授方式来实现。如培训已就业的大学毕业生，为学生提供各种资助及工作实习的机会，以及大学和企业共建的大学科技园等形式。

总体来看，强化产学研合作，必须强调政府主导创新体系的作用，并激发产学研各方合作的积极性，针对本地经济发展情况和社会需求，适时出台一系列的适合本地区实际的优惠政策和相关法律法规，构建适应新形势的产学研合作新机制。产学研合作机制的构建，必须在财政补贴、政府采购、税收优惠、技术转移等方面充分、有效地发挥中小企业的积极作用。同时，建立完善的科技信息服务系统、培养促进产学研合作的人才都是提高创新系统效率的重要内容。

8.4 科技园区发展与区域科技服务平台创新能力提升

目前，国外的园区发展模式可以概括为两类：一类是依托企业带动产业集聚推动园区发展的模式；另一类是依托技术带动产业集聚发展进而构建园区建设的模式。

依托技术带动产业集聚集群集约发展，主要包括产业园区、科学城、技术城、实验基地和加工区等模式。产业园区模式就是依托科学园建立的特色产业园区，一般集聚在大学、科研院所比较多的地方或中心城市，在大学和科研机构的普遍支持下，实现技术供应和技术需求的有效对接，进而减少入驻企业研发投入的风险，并扶持和培育市场潜力较大的企业。科学城模式是一国为提高科技水平而建设的科研机构和大学集结地，最大限度利用各种文献、情报等资源，依托科学城建立工业园区，转化相关成果。这种模式发展比较成熟的地区包括新西伯利亚科学城和北卡罗来纳三角研究院。技术城模式是一定范围内的土地上相关产业形成的，不以单纯追求高科技企业和研究机构集中额为目的，高技术文化为引领的状态。世界级的实验基地一般属于这类模式。加工区模式是集中区域范围内的骨干企业和龙头企业，充分吸收国外引进的高技术成果，依托已经形成的高技术产业园区实现技术创新的模式。这种模式的一个典型代表是东亚的九州桂岛。产业带模式是基于众多规模较大的各类科技型园区、工业企业园区和众多科研机构、高技术企业，形成紧密产业合作关系的地区或地带，美国硅谷就是产业带模式。

依托企业带动产业集聚发展的模式主要包括三种类型：中小高技术企业集聚促进产业发展模式、优势企业主导产业发展模式以及复合型产业发展模式。中小高技术企业集聚促进产业发展模式，其基础在于企业之间形成的密切的网络关系。优势企业主导型产业发展模式，是运用企业独有的、利于企业经营管理和开展竞争的人才、设备、资金、管理等因素。复合型产业发展模式则介于前两种模式之间。依托产业和企业集聚而发展的科技园区具有推进科技创新的独特优势，有利于发挥企业集聚效应，推动交互式学习，促进中小企业创新，形成区域内创新协作联盟，对于区域创新平台效率的提升具有重要意义。

8.5 高等学校与区域科技服务平台创新能力提升

8.5.1 美国高校提高区域创新效率的作用机制

（1）高校为区域创新提供必要的基础知识和技术支撑。一般认为，产业可以划分为消费品生产部门和研发部门，消费品生产部门是制造部门，研发部门则是企业知识积累的重要载体。通过知识外溢效应，企业实现了收益递增，也促进物质资本和劳动等各类投入要素呈现规模收益递增的特征，进而实现新增长理论所倡导的长期增长过程。可以说，高校和科研机构是知识创新的中心，是区域创新系统建设的重要动力和源泉。美国的高校承担了全国的基础性研究工作，世界一流的研究型高校成为美国基础研究的重要承担者。

（2）高校为培养立足于地区发展的人才提供支撑。人力资本或者人才是经济增长的重要动力，通过人才的知识积累，推动科技知识的新创造，最终从研究机构迅速扩散到各级各类型可覆盖的范围，这种扩散速度的快慢取决于是否拥有一位操作灵活、知识丰富的复合型人才，因此人力资本也促使一国或者一个地区在世界科技前沿中从事研发活动，并推动成果的资本化。高校作为培养各类人才的中枢机构，在培养立足于地区发展的人才支撑方面责无旁贷。

（3）高校为培养技术创新的企业家提供支撑。企业是社会经济生活的细胞，在技术创新中发挥着主体作用，而企业家则是推动创新的关键。一般认为，企业家所具有的新思想、新方法、新技术、新路径，都会通过企业内部影响到其生产、组织、管理的每个环节，并影响到产业和市场中。因此，美国高校除了培养科学家、工程师、一般性的技术人才之外，还注重培养学生的创新精神，提高学生的创新意识和能力。

（4）高校为区域经济进行直接的技术转移提供支撑。高校是接触新知识和新技术的前沿，将这些新知识和新技术推广运用到全社会，才能真正发挥高校的信息传递功能。因此，高校的技术专业化工作也产生于此，并成为衡量高校社会服务功能的重要参考。

8.5.2 英国高校提高区域创新服务能力效率的作用机制

英国高校在增强区域创新能力、提高创新效率过程中扮演着重要的角色，这主要是通过企业与高校的联系日益紧密来实现。英国1983年成立的"高等教育支持北部产业发展"的高校协会，专门针对高校与区域企业联动的业务沟通方面发挥积极作用，并建立了知识屋。每个企业都可以根据自身的特定需求向高校发出邀请，各种不同的高校相关部门和研究人员进一步推荐合适的专家，组成企业管理者与具体领域专家的小组，从事专业化的咨询决策服务，极大地提高了高校的能力和作用效益。

英国高校人才培养模式推动区域创新。英国善用经费管理，其促进高校提高自主创新能力的代表性做法是设立工程博士，即根据不同国家所处年代的发展需求提出不同的重点，确定设立工程博士的领域。

8.6 经验借鉴

从发达国家和地区提升区域科技服务平台创新能力的做法来看，可总结出可供我国借鉴的经验如下。

（1）发挥政府在创新环境整理和优化方面的积极作用。政府职能的发挥主要通过支持和鼓励政策向简政放权、促进行政管理制度改革和完善对企业的服务方面转变，加强政策引领，培育优越的创新环境，进而推动区域内的创新。美国在培育区域创新能力和环境中，通过制定科技教育政策、生态环境保护政策、人才引进和激励政策等，有效地吸引了国内外投资的进入、高端人才的集聚、创新环境的优化，进而提高了区域的创新能力。欧盟和印度针对欠发达地区的科技创新现状，通过区域政策创新，优化创新环境。营造区域内特有的创新文化氛围也是政府主导型的发展方式。创新的软环境主要指鼓励创新、吸引人才的法律、法规等政策供给。创新的硬环境主要指创新所需的各类基础设施和公共服务，主要包括一般的基础设施建设和为本地创新活动主体服务的公共设施，即区域创新基础设施，如图书馆、展览展示馆、科技服务中心、公共信息网络等创新的公共服务设施，通过劳动者培训、人才就业后继续教育、企业家培训和进修等，提供无形的服务。

（2）发挥企业在创新技术研发和应用过程中的积极作用。企业是区域创新系统的主体，必须引导企业增强对创新重要性的认识，切实推动企业从"要我创新"向"我要创新"方向转变。企业发展必须首先建立适应市场需求的企业组织管理体系，从企业组织体制上由传统的生产能力强、技术创新能力和市场营销能力相对较弱的格局，向技术创新和市场营销能力强、生产组织体系健全的模式转变。特别是注重加大经费的支持，加强企业的人力资源培训和开发，强化创新的激励机制。加快整合外部的创新资源，依托各类研发机构，把企业需求、市场需求和外部技术供给有机结合，最大限度地利用外部的资源和研发能力，提高企业的创新能力，提高创新效率。同时，增强企业技术集成和产业化的水平，激励知识创新，进一步建立和完善知识产权的交易制度，采取不同的手段支持各类企业申报专利，开发拥有自主知识产权的关键核心技术，加快推进科技成果的转化和产业化。加快吸收国内外著名高校、科研院所的研发成果，着重调动各方面的积极力量为企业创新提供服务，着力提高企业的创新意识和创新能力。

（3）发挥产学研合作机制在创新成果转移转化中的积极作用。产学研合作通常指以企业为技术需求方、以科研院所或高等院校为技术供给方，需求方和供给方之间的合作，加快推动取得的科技成果由知识形态向现实的生产力转化。发挥产学研合作机制的重要作用，要大力加强科技交流与合作，充分利用全球科技资源。要加快提高产学研联合层次，鼓励国内的各级各类科研院所、各种类型的高等院校建立研发机构；支持企业建立研发机构，以企业为主、科研机构联办的工程技术中心、技术中心、工程中心；支持高校、科研院所承担国家、省重大科技创新项目。鼓励科技人员创新创业，扶持创新创业领军人才。加快建立和完善产学研一体化合作机制，深化组织协调和服务支持，针对产学研合作中出现的新情况和新问题，着力采取超常措施予以解决，深入推进产学研合作的开展，努力营造产学研合作交流的社会氛围。进一步加强产学研合作的政策导向宣传和指导，通过总结推广产学研合作的经验和模式，促进全社会共同学习借鉴优秀的模式和经验，在产学研合作方面少走弯路，努力营造全社会关心支持产学研合作的良好社会氛围。

（4）发挥科技园区在研发平台、转化平台和企业孵化中的积极作用。要建立开发区创新服务体系，主要包括政策法规服务平台、公共技术服务平台、投融资服务平台等。设立信用担保公司、企业信用体系、完善风险担保和风险转变金制度等。建立银企互动平台，鼓励企业与金融机构建立长期稳定的合作关系、专业化科技中介服务平台、孵化服务平台。鼓励高等院校、科研院所、企业等多元主体创办各类专业孵化器。

（5）发挥高等学校在创新创业人才培养中的积极作用。要积极实施青年科技人才计划，激励优秀人才脱颖而出，继续实施培养和吸引优秀人才的计划。要加强研究基地的建设和整合，进一步优化高校中的国家重点实验室、企业工程技术中心、企业间合作研究中心和工程研究中心等，优化资源配置，构建学科方向齐全、布局合理、创新力量强大的高校研究基地系统。要推动高水平大学建设工程的实施，具体目标之一是规划建设研究型大学。一批高水平的研究型大学，是提升我国高等教育国际竞争能力的主体，也是培育世界一流大学的根基和关键。

第9章

优化区域科技创新服务平台的对策

9.1 提升区域科技创新公共服务平台创新能力

9.1.1 政府应改善区域科技创新环境，加大科技创新资金投入

区域科技创新公共服务平台创新能力的提升，离不开所在区域整体的发展状况的改善，这是个复杂的系统工程，不仅需要社会上各种机制的配合与运作，更要发挥政府的支持与引导作用，尤其是在资金投入方面。增加政府资金投入，加大科技创新平台的经费支持力度，以保证科技创新平台的建设和可持续发展，政府资金的支持和引导作用不容忽视。其一，政府要增加针对新兴产业的科技创新平台的资金投入力度。例如，战略性新兴产业领域的创新水平和创新能力需要进一步提高，在发展初期对公共服务的需求较低，导致其市场化运作水平不够，因此在平台建设初期，政府需要提供大量资金支持其市场化运作。其二，对已有科技创新平台的发展提供资金支持。例如，重点领域的科技创新能力和科研水平要想得到进一步提升，需要专项资金投入，需要政府持续的资金投入。其三，对基础性科技创新平台前期的常规性资金投入。例如，重点实验室等科技创新平台创新能力的提升需要资金支持。其四，公益性的服务平台也需要政府资金投入。同时，需要对各科技创新平台所开展的研究和公共性服务提供资金支持。政府应努力促进经济发展，夯实经济基础，遵循市场规律，学会运用敏锐的洞察力去捕捉市场信息的动向。政府相关部门应积极贯彻

实施创新驱动发展战略，培育创新文化氛围，要学习借鉴发达区域的科技创新有益成果。在科技创新资金投入方面，努力构建科技融资有效机制，提高抗风险能力，保障科技创新的活力源泉。

9.1.2 "三区联动"主体尤其是高校、科技园区应提高创新意识，形成完整自主的创新体系

本书认为，提高"三区联动"主体——高校、科技园区、行政社区的创新意识，形成完整自主的创新体系，是提高区域科技创新公共服务平台创新能力的基本前提，而高校、科技园区和行政社区创新意识的提高、完整自主的创新体系的创建，就要做到：（1）加强对高校、科技园区创新理念的宣传。区域公共服务平台的科技创新活动，除了强调市场进行创新资源配置作用，还应强化政府对高校、科技园区创新活动的引导作用。目前，我国科学技术水平较欧美发达国家和地区仍存在较大差距，多数高校、科技园区实施"技术模范和引进"的科技发展模式，自主创新能力较弱，甚至形成技术引进过度依赖。部分高校虽设有研发中心，但其"一心求稳"的创新发展理念及缺乏必要的运用平台使得科技创新研究集中于试验开发领域而缺乏具体的实践。区域科技创新公共服务平台如高校、科技园区的创新意识普遍有待增强。在我国科技核心技术缺失（如芯片制造技术）与外资企业技术壁垒并存的情况下，各省市政府决策部门均需注重加强创新理念的宣传力度，响应党和国家的号召，弘扬创新精神。通过组织培训、政策鼓励、国有企业带动等方式，强化高校、科技园区"大胆创新、宽容失败"的创新意识，建设"积极创新、协调创新"的创新文化。（2）明确高校、科技园区的科技创新主体职能。高校、科技园区是区域科技创新活动的创新投入、科研开发与试验的主体，因此高校、科技园区成为促使科技与经济紧密结合的前沿力量。以政府为主导的科技创新运行机制，使得各创新主体的技术创新脱离市场需求和企业生产实际，只有明确高校、科技园区的科技创新源头职能，运行"以高校、科技园区为源头，以企业为主体，以市场需求为导向，以政府推动为辅助，以科技服务体系为支撑"的创新模式，才能有效提升技术成果转化率，不断增强高校、科技园区科技创新实力和竞争力。鼓励资源丰富的高校和大型科技园建立内部研发中心和技术

成果转化平台,并以名校和大型科技园辐射带动其他高校、科技园区,培育一批专业性强、创新能力卓越的高校、科技园,鼓励同类高校进行合作创新以及同一行业科技园创新活动的地理集聚,实现创新活动集群化、规模化发展,激发各创新公共服务平台协同创新规模效应,不断提高区域科技创新公共服务平台的创新能力。此外,明确其他创新活动参与主体(大型企业、中小微型企业、服务中介机构)的功能定位,发挥大型企业、中小微型企业的创新技术成果产业化、规模化的主体作用,发挥科技中介机构的中介服务作用,使各类创新主体持续迸发活力,系统提升区域科技创新公共服务平台的创新能力。

9.1.3 培养和引进现代化高层次创新人才,重视人才竞购配置合理化

科技的竞争归根到底还是人才的竞争,人力资源是科技创新平台建设的重要支撑力量,平台想要快速发展就必须把人才队伍建设放在首要位置。我国的区域科技创新公共服务平台普遍存在人才缺乏的情况,尤其是在高端科技人才方面。要改变这一现状,就必须全面深化科技人才制度改革,促进高端科技人才引进战略和平台人才培养战略落地实施,完善人才引进制度和培训制度,引进与培养相结合,优化平台人才结构,满足平台建设和发展需要。(1)人才的引进:人才的引进不仅是一项持久的工作,更是一项涉及各个方面的复杂工程。首先,不能盲目跟风来制订人才引进计划,而是要根据本地区的实际情况制定合理的规划,根据各区域在创新服务平台建设中的人才需求情况,从人才引进流程入手,精简流程,通过各种各样的方式宣传政策和引进人才,鼓励企事业单位及科研院所加大对人才的培养投入。人才不仅要引进来,更应留得住。在人才管理方面,要对不同学科和不同类型的人才采用差异化的评价方法,实现评价机制的科学合理化,充分调动各类人才在自身领域的主动性和创造性。在收入分配方面,可按照研究成果收益获取一定比例的奖励以提高人才在工作中的积极性。在人才培养方面,支持并鼓励各类人才参加国内外研讨会,组织高水平学术交流会议,邀请海内外专家学者前来访问、讲学。此外,优良的生活环境也会为人才营造和谐美好的氛围,各地政府应完善相应的人才政策、加强创新环境的优化和科技创新配套设施的完善,进行"筑巢引凤",

为创新人才营造良好、轻松、开放的科研环境，只有"种好梧桐树"方能"引得凤凰来"。（2）人才的培养：建立平台人才培养的长效机制，平台科技创新人才队伍建设不能只靠外界"输血"，也要发挥自身的"造血"能力，在引进高端人才的同时也要加强内部培养。通过采取邀请国内外专家开展相关专业培训的方式，提高平台相关人员的专业技能，挑选具有潜力的科技人员到知名高校进修以及挑选科技人员进行跨区域、跨组织交流等方式来加强平台人才的培养，努力培养出一批高素质的本土人才。建立灵活的人才管理机制，大力推进研究人员实行聘任制，完善平台人才评价和激励机制，提高平台研究人员的待遇和社会地位，以提高科研人员的积极性，从而提高科技创新平台的创新能力和服务水平。此外，我国区域科技创新公共服务平台的人才结构不完善、人才配置不合理也是我国区域科技创新公共服务平台亟待解决的问题。因此，构建合理的人才培养机制、促进区域科技创新公共服务平台人才结构合理化，也是提高区域科技创新公共服务平台创新能力不可缺少的一环。

9.1.4 加强对区域科技创新公共服务平台的管理和引导

加强对区域科技创新公共服务平台的管理和引导，是提高区域公共服务平台创新能力的题中应有之意，要求做到：（1）加强组织领导，健全体制机制。根据区域科技创新公共服务平台建设工作总体部署，各相关部门按实施方案任务分工，各负其责，精心组织，编制切实可行的工作计划，形成系统、规范、有序的组织工作机制。各相关部门应组织力量开展调查研究，立足现有基础和优势，借鉴成功经验，确定阶段目标和实施措施，分步扎实推进。依据国家相关法律法规，针对区域科技创新公共服务平台建设中的共性问题，从资金投入、人才引进、项目扶持、资源共享和绩效管理等方面，研究制定相应扶持政策，建立较为完善的配套政策体系，充分调动各级各部门各企业加快区域科技创新公共服务平台建设的积极性，为区域科技创新公共服务平台建设创造良好的外部政策环境。（2）面向需求，提升区域科技创新公共服务平台能级。按照"面向需求、精确选择、以评促建、动态管理"的指导原则，重点做好"提升重点实验室质量、优化工程技术中心布局、积极发展综合类和专业类产业技术研究院"三项重点工作。重点实验室建设要面向优势学科，组建优势团队，关注前沿技术，服务战略新兴产业。规范建设程序，加强运行管理，改善科研条件，强化开放合作，着重提高运行质量和产出能力。面向新兴产业的发展需求，提前布局，在生物医药、信息技术、制造与工程等领域，新建一批重点实验室。做好国家重点实验室培育和推荐工作，争取更多区域重点实验室进入国家级重点实验室行列。规范省级工程技术中心的建设与管理，围绕技术、工艺、装备、产品创新及系统集成与应用，重点在优势和特色产业的龙头企业，新建一批省级以上工程技术中心，优化工程技术中心的产业布局和区域布局。工作重点：一是继续提升煤、化工等传统优势产业的技术水平，支持地区特色产业的发展；二是面向战略新兴产业，大力推动技术成果的转化与应用，为规模化生产提供技术支撑；三是与高等院校、研究院所联合，在地震、气象服务、社会管理、公共安全等领域，促进改善经济民生的科技成果不断产生并成熟。重点在战略新兴产业、县域特色产业集群和环京津地区、沿海工业区布局建设一批省级产业研究院。为突出产业技术研究院对县域经济的支撑和服务作用，推动县域特色经济发展。引导产业研究院对标先进，探索并实践适应产业发展需求、符合市场经济规律和自身实际情况的管理体制及运行机制，提升对区域重点产业发展的技术支撑引领能力，以企业为主体，集成高校、科研院所、企业的研发力量，遵循联合投资、利益共享、开放协作、风险共担的原则，组建一批产业技术创新联盟，推动产学研协同创新。（3）组建创新模式，激发平台活力。逐步采用政府推动，各类主体联合建设的模式，将政府的引导、监督、评估、考核的责任与企业的建设主体责任分开，以政策激励为引导，充分发挥企业主体在创新平台建设中的主动性和积极性。其一，创新管理模式，即按平台类别的不同，探索建立第三方评价机制，分类考核，逐步实现动态管理。一是立足科技发展的战略前沿，完善重点实验室评价体系，促进重点实验室加强原始创新；二是面向成果转化及企业创新要求，完善工程技术中心考核评价体系，增强工程技术中心服务产业的能力；三是针对科技资源及基础条件建设的不同要求，对不同资源平台提出不同的考核标准，提升资源平台的共享水平和公共服务能力。其二，创新服务模式。一是探索联合实验室等新型创新平台的运行管理机制，加强平台间的沟通、协调和交流互动，实现资源整合，提升平台服务能力；二是创新平台开展技术创新与服务模式，探索采取联合研发、委托研发等形式，与各类创新主体和大型研究工程项目承担单位开展技术攻关和技术服务，提高平台的人才聚集和成果转化能力；三是探索开放课题管理机制，采取将实验室、工程中心、产业技术研究等开放课题纳入省级科技项目管理等形式，激励科技创新公共服务平台对外开放，提高创新平台运行质量和共享服务能力。

9.2　完善区域科技创新公共服务平台运行机制

9.2.1　政府应加大政策支持力度，实现资源合理化配置

政府加大支持力度、实现平台资源合理化配置，是完善区域科技创新公共服务平台运行机制的催化剂。要求政府做到：（1）加大政策扶持力度。由于区域科技创新公共服务平台规模较小、资金量有限、风险较大、整体实力较弱，因此除了自身努力外，还需要政府的扶持，才能更好地进行创新。政府可通过制定财政和税收政策、项目资金资助、科技奖励等方式进行扶持。以江西省为例，目前江西省主要有税收优惠政策、"两免三减半"的所得税政策、高新技术企业的所得税减按15%征收、研发经费所得税前加计扣除、税收返还等。这些为江西省的科技创新公共服务平台减轻了不少经济负担，但是相对于研发费用巨大的高校、科技园区及中小企业来说，这些还远远不够。因此，政府要在现有的优惠政策的基础上进一步加大税收优惠政策，减轻平台的税收负担，有效缓解企业资金短缺问题。除加大财税政策扶持力度外，政府应进一步加大对研发项目的资助以及对技术创新的奖励。首先，要进一步扩大资助和奖励对象的区域；其次，要提高资助和奖励的金额，提高平台自主创新的积极性，进而提高自主创新能力。（2）加大政府财力支持，构建多元化投融资体系。要尽快改变科技创新平台科研资金由政府财政单一投入的现状和仅依靠向上级部门争取财政资金来进行平台仪器设备更新的思路。平台建设应探索多元化投融资体系。首先，政府应加强引导社会资金投入到平台建设中，利用财政和税收等经济措施，吸引和支持企业和其他社会组织加大对科技创新平台的建设，以科技项目为纽带，将企业投入资金运用于共性、关键性和前沿性的研究当中以回报企业，实现企业和平台的双赢。其次，鼓励金融机构与平台加强合

作，引导金融机构为科技创新平台建设与运行提供贷款支持。最后，鼓励平台的依托单位以市场化运行模式筹集平台建设资金，拓宽平台投融资渠道，逐步建立以政府投入为引导、企业投入为主体、金融机构贷款为补充的多元化科技创新投融资体系。此外，在平台的资源配置上，不同区域的人力资源、财力资源等应根据不同区域的不同情况进行优化、合理配置，努力实现以最低的成本获取最大的效益。

9.2.2 促进公共服务主体之间优势资源整合，建立健全资源共享平台

不同区域由于地理位置、人口数量及资源结构的差异，公共服务主体的优势大相径庭。只有促进公共服务主体之间优势资源进一步整合、建立健全资源共享平台，才能进一步促使区域科技创新公共服务平台运行机制更加完善。以江西省为例，江西省相对于周边省市来说，科研物质基础条件比较落后，而且科技资源较为分散，设备闲置、各自把持、重复建设等问题突出。针对这些问题，应发挥政府的主导优势，将现有的公共服务资源有效整合，进行整体的统筹规划、综合管理、整合存量和优化增量，同时建立完善的科技资源共享机制，减少科技资源的重复购置。科技创新平台的建设就是要最大程度将相关科研设施、优秀人才、科技信息及先进技术和知识等汇集在一起，发挥区域创新优势。要实现科技资源的共享，就必须加强科技资源的整合力度。科技资源主要包括人力资源、物力资源、财力资源和无形资源。人力资源整合可以通过建立人才资源库，将大学和科研院所的专家学者、研究员、政府官员以及企业高管等人才进行归档管理，建立一套科学的人力资源管理体系，进行人力资源的有效配置。物力资源的整合包括对各单位拥有的科研设备和生产设备，以及重点实验室和研究中心等研究场所进行整合，通过有效的物力资源的整合，可以减少重复建设和不必要的投入，提高科研设施的使用效率。财力资源主要是指科研资金，主要来源于政府拨款和企业投资，在平台运行过程中要有效整合企业和政府的科研资金，深度挖掘其他有助于平台发展的财力资源，并根据类别和规模来合理配置科研资金，提高资金使用效率。在整合各类资源的同时，还必须加大资源开放力度，建立完善的科技资源共享体系，制定各类资源的开放

制度和管理办法，并加强各类仪器设备开放的宣传力度，倡导共享理念，提高共享意识，形成良好的科技资源共建共享文化，使科技资源实现真正的共享。

9.2.3 完善激励管理制度，形成长效的创新动力

制定科学和完善的激励管理制度，是科技创新平台激励机制的重要组成部分，同时也是发挥科研人员的积极性、保持科技创新动力的关键因素。针对现有的激励管理制度，可以从以下几个方面来加以完善：（1）构建科研分层激励模式。首先，根据马斯洛需求层次理论，每个人所处的需求层次是不一样的，对科研人员的激励要想达到最佳效果，就必须根据每个人需求的不同，采取不同的激励方式。在调查中我们发现，不同年龄、职称和学历的科研人员激励需求差异较大，采取"一刀切"的激励方式难以发挥科研人员的最大积极性。因此，科研激励方式应在平台科技发展的总目标指引下，根据不同科研群体和科研人员的差异性需求实施"个性化"激励方式，使得处于不同层次的科研人员可以获得相应层次的激励，而且激励方式要富有弹性，不能自始至终使用一套激励方式，要让激励方式更加灵活可行，从而实现激励的功效。其次，要加强团队激励，扩大激励效应。现在科研项目大多由团队共同完成，团队的协作能力在很大程度上决定了科研进程和科研项目的成败，因此科研团队的建设和激励不容忽视。要制定完善的科研团队薪酬管理制度，根据团队成员的科研强度、技术能力等提供补贴薪酬，尽可能使科研薪酬公平公正。（2）建立多维度的激励机制。这些激励既要包含物质层面也要包含精神层面。在物质激励层面主要包括：第一，政策激励。落实国家科技创新政策，完善区域科技创新平台创新奖励办法，政府可以对创新积极性和创新能力较强的平台和参与者给予税收、信贷、资金等方面的政策倾斜，同时加强对科研人员的物质奖励，给平台科技创新营造一个宽松的发展环境。第二，产权激励。产权激励分为股权激励和专利权激励。专利权激励机制在于明确企业与科技人员对科技成果的所有权，给予科技人员科技创新劳动成果的法律保护。股权激励机制在于鼓励和引导高校、科研院所将科技成果作为股份入股企业，吸引和留住优秀的科技人才，避免科技创新人才的流失，同时增强他们的稳定性和科技创新能力。在精神激励层面主要包括：第一，社会激励。社会激励是强化科技人员

成就感最重要的因素之一，社会激励主要包括学术声誉、科技创新奖励、同行评价和各项荣誉等以及其科技成果的社会认可度和广泛应用。社会激励能够强化科技人员的自我价值实现感，并增强其科技创新的兴趣和动机。第二，文化激励。文化具有重要的导向、协调和激励功能，通过打造平台创新文化，形成一个大家共同认可的协同创新文化，引导各创新主体相互融合，激励进行强强联合，增强创新凝聚力，同时利用创新文化的力量吸引各方优秀人才加入平台。

9.2.4 加强政产学研合作，构建科学的网络管理系统

区域科技创新平台的建设是一项涵盖政策、经济、产业和人才等多个领域的系统工程，是依托政产学研各方优势而打造的新型创新。[①] 所以，必须使政府、企业、大学和科研院所等创新主体共同参与到平台的建设中，在区域形成政产学研紧密结合的创新体系。于某些区域而言，如江西省，经济基础薄弱、科技创新力量缺乏、自主创新能力落后，因此推动政产学研合作是该区域科技创新平台发展的必然选择。政府应采取相关措施使平台与企业、大学和科研院所建立定向的联系，以创新资源为基础、创新利益为动力，发挥各自在科技创新平台建设中的优势和作用。首先，要着力加强平台与企业之间的合作。企业拥有雄厚的资金和较大的技术需求，加强平台与企业的合作有利于平台吸纳研发资金、快速了解市场需求、定向开展技术研发、促进科技成果的转化，同时有利于提高企业的市场竞争力，实现平台与企业的共赢。其次，推动平台与大学和科研院所的合作。充分利用高校和科研院所的人才优势，开展项目合作，提高平台产业技术研发效率，同时也为高校增添了项目经验。再次，要促进平台与平台之间的交流与合作。利用项目合作、共同研发、人员借调等方式，加强不同平台之间的经验分享，形成联合创新和实现综合效益。最后，培育中介服务机构、金融机构为平台展开科技创新活动提供科技金融、成果评价、法律咨询、技术转移转化等中介服务。

此外，应建立和完善省级创新平台网络管理系统，通过利用互联网优势加

---

① 戴丽华. 浙江省科技创新平台运行效率及其影响因素研究［D］. 杭州：浙江工业大学，2012.

强对全区域的科技创新平台的管理，使平台之间做到优势互补、资源共享，使科技创新平台的申请、运行、评估等工作规范化和常态化。同时，要培育网络系统运营团队，提高网络化管理水平，对现有的科技门户网站及相关的数据库进行整合优化，构建统一的管理系统，实现各平台之间的信息共享和业务协同，畅通数据和资源利用途径，为科研人员和社会公众提供便捷高效的服务。

9.3 提高区域科技创新公共服务平台运行绩效

9.3.1 建立健全科技创新绩效评价管理制度

对科技创新平台运行进行绩效评价是衡量平台创新活动实现效果的重要方式，平台绩效评价管理制度的完善与否，对平台的管理优劣具有较大的影响，因此，有必要进一步完善绩效评价管理制度。第一，完善绩效评价管理办法，明确绩效评价实施细则。根据不同区域的科技创新平台绩效评价工作现有的基础，借鉴国内外优秀平台绩效评价经验，继续完善现有的绩效管理办法和实施方案，明确绩效评价的对象、内容和标准，以及评价的方式方法。第二，采用第三方评价机构来执行科技创新平台的绩效评价。由第三方绩效评价机构进行评价无论从专业性、规范性还是客观性和公正性等方面都比内部评价具有优势，而且能够如实地反映平台的运行情况。采用第三方评价机构评价可以减少相关评价人员的投入，降低科技创新平台的管理成本，同时也可以避免受政治压力的影响，保证评价结果的客观公正。第三，建立动态的考核监测机制。在平台项目研究运行中要加强对平台项目的检测评估，目前各区域对科技项目的投入评估大多以结果为导向，在科技项目中"重立项、轻管理"的现象突出。大多科技项目在遇到研究瓶颈时难以按期完成甚至中途"夭折"，大量的财政科技投入也因此成为沉没成本。各区域科技创新平台现有的评价多注重对科技投入所取得结果的评价，而缺乏对科技项目投入的动态跟踪监测和调整。因此，建立动态的考核监测机制和评估体系，实现以测代评、测评结合，能够及时发现科研过程中遇到的问题和瓶颈，并寻找解决方案，能够有效地避免科技研究成果"胎死腹中"，从而提升科技创新的效率。

9.3.2 完善科技创新绩效评价指标体系

平台绩效评价指标设计是否科学合理,直接关系到绩效评价工作质量的高低。由于科技创新平台具有公共品的性质,而且只有通过评价体系的建设和实施,才能完善平台的管理机制和责任机制,加强政府对平台财政支出的管理和社会公众对平台管理和运行的监督。因此,平台必须具有完善、科学的绩效评价体系,才能保证平台的高效运行和持久发展。一是要进一步深化分类评价体系。科技创新平台的科研创新活动主要包括应用性研究和基础性研究,应避免用同样的标准和评价体系去衡量不同类型的平台和不同领域的研究人员,以及不同项目的研究情况。而应根据科研活动的差异性,在评价中采取定量与定性相结合的方法,建立具有灵活性的评价标准,为平台和科研人员营造更加宽松、公正的科研环境。二是完善绩效评价指标框架,抓住核心指标和个性指标。平台现有的评价体系中往往只侧重某一方面,并存在评价指标随意性强、战略目标不明确等诸多问题,难以兼顾其绩效管理和战略目标之间的平衡关系。因此,在结合平台性质及平台战略目标的基础上,指标体系的设计既要考虑平台的社会效益也要体现其经济效益,构建多层次、多维度的评价体系。三是确定科学的绩效评价指标权重。绩效评价指标权重的高低决定了绩效评价的侧重点,而对科技创新平台来说,其主要目标是提高区域科技创新水平,因此在指标权重设计中,社会效益要大于经济效益,同时要基于整体性视角,确保评价指标整体性和系统性相结合,把握指标间的联系,合理分配指标权重。

9.3.3 绩效评价体现结果和过程并重的原则

对科技创新平台运行绩效进行评价,不能只是对平台运行效率高低的评价,而是要加强对评价结果可靠性和评价过程科学性的反思,找出平台运行存在的问题和不足之处,这样才能发挥对平台绩效评价的实质意义。首先,要加强反馈与整改,上级部门要将绩效评价结果和绩效评价过程中反映的问题和不足,及时与被评价的平台反馈和沟通,并督促相关平台根据其存在的问题找出原因和制定解决问题的整改方案,进一步提升科技创新平台的运行效率和创新水平。其次,绩效评价结果与预算紧密结合,上级部门要以平台运行绩效评价结果为抓手，逐渐优化科技投入和科技资源在平台之间的配置。对绩效评级结果为优秀和良好的平台，在下一年度的预算中适当的增加财政投入；对绩效评级结果为差的，下一年度的预算中要减少，或者停止相关项目的资金投入，以此来强化平台的危机意识，促进平台高质量运行。最后，要完善绩效评价结果和绩效评价过程的公开制度。对绩效评价结果公开的范围、内容、方式等进行明确，加大对社会公开的力度，而不仅只是在内部公开。同时，延长对绩效评价结果公布的时限，而且应该在省科技厅官网上加以公布，公布链接显而易见，主动接受社会的监督。

参 考 文 献

[1] 陈安杰. 三区联动 自主创新 谱写杨浦持续发展新篇章 [J]. 中国高校科技与产业化, 2006 (5): 24-26.

[2] 陈劲, 张平, 尹金荣, 等. 中国大学科技园建园与运作模式的研究 [J]. 研究与发展管理, 2001 (6): 1-7.

[3] 陈黎, 黄智华. 广州、深圳科技创新平台建设对比分析 [J]. 科技管理研究, 2012, 32 (11): 63-65.

[4] 陈柳钦, 詹花秀. 以产业集群促产业竞争力的提升 [J]. 湖湘论坛, 2005 (5): 53-55.

[5] 陈思远. 湖北省科技创新能力评价与提升对策研究 [D]. 武汉: 中南财经政法大学.

[6] 陈志辉. 科技创新平台内涵特征与发展思考 [J]. 科技管理研究, 2013, 33 (17): 34-37.

[7] 戴晓琳, 刘成敏, 陈子敏. 西部高校科技创新平台服务区域经济建设的实践——以宁夏大学为例 [J]. 科技管理研究, 2010, (2): 91-92.

[8] 董维国, 王玫, 杨震. 苦练内功加速大学科技园的发展——2002年国家大学科技园工作座谈会综述 [J]. 中国高等教育, 2002 (11): 38-39.

[9] 范柏乃. 城市技术创新透视: 区域技术创新研究的一个新视角 [M]. 北京: 机械工业出版社, 2003: 2-5, 34-38, 180, 45-47.

[10] 付智. 江西区域创新能力研究 [D]. 南昌: 南昌大学, 2012.

[11] 傅家骥. 技术创新学 [M]. 北京: 企业管理出版社, 1992.

[12] 高超, 杨帆, 李雷霆. 基于云服务的工业设计科技资源共享平台

[J].企业技术开发，2015，34（3）：65-66.

［13］高朝虹.基于反馈基模分析的高校产学研合作模式研究［D］.南昌：南昌大学，2009.

［14］胡石明.产学研一体化的永恒课题——大学科技园的理论与实践［J］.湖湘论坛，2000（1）：52-54.

［15］胡宇辰.产业集群支持体系［M］.北京：经济管理出版社，2005：27-28.

［16］华晨.浦东新区区域创新体系建设研究［D］.上海：复旦大学，2011.

［17］华中生.网络环境下的平台服务及其管理问题［J］.管理科学学报，2013，16（12）：1-12.

［18］惠树鹏，郑玉宝.基于五维动态平衡计分卡的企业战略绩效评价［J］.统计与决策，2016（11）：172-175.

［19］季六祥，盛革.云端创业生态圈的理论基础与规划框架［J］.管理学报，2015，12（11）：1646-1653.

［20］贾君枝，陈瑞.共享经济下科技资源共享模式优化［J］.情报理论与实践，2018，41（3）：6-10.

［21］简兆权，陈键宏.公共科技创新平台运行机制研究：广东地区个案［J］.科学管理研究，2012，30（3）：1-4，35.

［22］江军民，晏敬东，范体军.基于区域自主创新的科技创新平台构建——以湖北科技创新平台建设为例［J］.科技进步与对策，2011，28（17）：40-44.

［23］李宝琴.国外区域创新体系比较分析与经验借鉴［J］.商业经济，2008（6）：3-4，23.

［24］李佳.区域科技创新服务平台生态化演进机理及服务模式研究［D］.哈尔滨：哈尔滨理工大学，2018.

［25］李利，陈修义.科技公共服务平台满意度评价指标体系的构建［J］.东岳论丛，2010，31（10）：107-111.

［26］李平.中国大学科技园发展模式的比较［J］.科学学研究，1999

(4): 90-95.

[27] 李升泽. 绩效棱柱框架下公共科技创新平台评价研究 [J]. 中国科技论坛, 2014 (5): 27-31, 38.

[28] 李文博, 郑文哲. 论企业集成创新系统的复杂性: 混沌与分形 [J]. 科学学研究, 2006 (8): 618-622.

[29] 李啸, 朱星华. 浙江科技创新平台建设的经验与启示 [J]. 中国科技论坛. 2008 (3): 39-43.

[30] 李玥, 王宏起, 李长云. 云环境下区域科技资源共享平台智慧服务研究 [J]. 学习与探索, 2015 (7): 112-115.

[31] 李增辉, 汪秀婷, 牟仁艳. 面向我国重点产业的技术创新服务平台构建研究 [J]. 科学学与科学技术管理, 2012, 33 (3): 33-38.

[32] 廖少纲, 谢文栋. 基于 BSC-AHP 模型的科技创新服务平台运行绩效评价研究 [J]. 科技管理研究, 2019, 39 (14): 64-71.

[33] 刘军, 李廉水, 王忠. 产业聚集对区域创新能力的影响极其行业差距 [J]. 科研管理, 2010, 31 (6): 191-198.

[34] 刘克立, 彭水军, 陈富华. 主导产业的评价选择模型及应用 [J]. 系统工程, 2003 (5): 62-68.

[35] 刘莉芳. 国外产学研合作成功经验总结及启示 [J]. 商业时代, 2009 (5): 67-68.

[36] 刘鹏. 省级食品安全监管绩效评估及其指标体系构建——基于平衡计分卡的分析 [J]. 华中师范大学学报 (人文社会科学版), 2013, 52 (4): 17-26.

[37] 刘雪明, 廖东岚. 基于平衡计分卡的地方政府政策执行力评价体系构建研究 [J]. 社会科学, 2013 (9): 4-13.

[38] 龙兴洲. 以科技创新推进乡村振兴战略的几点思考 [J]. 农业科技通讯, 2018 (4): 31-32.

[39] 吕可文, 李晓飞, 赵黎晨. 中部六省区域创新能力的评价与分析 [J]. 区域经济评论, 2017 (2): 99-106.

[40] 罗晨阳, 丁堃, 潘明洗, 等. "官助民办"技术平台商业模式演化

机制研究［J］. 科学学研究，2017，35（3）：354-363.

［41］孟敏. 武汉大学科技创新平台建设及问题分析［J］. 中国高校科技，2017（7）：63-64.

［42］欧阳峣，罗会华. 金砖国家科技合作模式及平台构建研究［J］. 中国软科学，2011（8）：103-110.

［43］秦小鹏. 苏州市产学研合作促进区域创新发展［J］. 华东科技，2009（9）：60-61.

［44］邱宣. 构建产学研结合自主创新体系：深圳虚拟大学园发展模式与路径初探［J］. 中国高校科技与产业化，2007（8）：34-37.

［45］全俄经济区划委员会. 苏联经济区划问题［R］. 北京：商务印书馆，1961：82.

［46］桑玉昆. 农业高校产学研结合模式的研究［D］. 南京：南京农业大学，2009.

［47］盛垒，洪娜，黄亮，等. 从资本驱动到创新驱动：纽约全球科创中心的崛起及对上海的启示［J］. 城市发展研究，2015，22（10）：92-101.

［48］施利毅，陈秋玲. 科技创新平台［M］. 北京：经济管理出版社，2017（1）：73-74.

［49］宋东升. 中小企业公共技术服务平台运行机制初探——从政府主导视角的分析［J］. 经济论坛，2013（7）：76-78.

［50］苏朝晖，苏梅青. 科技创新平台服务质量评价——对福州、厦门、泉州三地的实证研究［J］. 科技进步与对策，2015，32（4）：92-99.

［51］苏斯彬，周世锋，史学锋，等. 杭州城西科创大走廊引领浙江创新发展的路径研究及政策建议［J］. 科技与经济，2016（6）：36-40.

［52］孙庆，王宏起. 地方科技创新平台体系及运行机制研究［J］. 中国科技论坛，2010（3）：16-19.

［53］孙庆. 基于区位因子评价的黑龙江省科技创新平台布局优化研究［J］. 科技进步与对策，2012，29（19）：42-46.

［54］孙庆. 区域科技创新平台网络化发展模式与路径研究［D］. 哈尔滨：哈尔滨理工大学，2010.

［55］孙枭坤. 区域科技创新能力评价指标体系构建及应用研究［D］. 合肥：中国科学技术大学，2018.

［56］谭文华，郑庆昌. 论国家和地方科技条件建设的分工与互补关系［J］. 科学学与科学技术管理，2007（4）：37－39.

［57］王刚贞. 基于平衡计分卡的银行系寿险公司绩效评价研究［J］. 经济问题，2015（3）：56－60.

［58］王宏起，李力，李玥. 区域科技资源共享平台集成服务流程与管理研究［J］. 情报理论与实践，2014，37（8）：69－73.

［59］王宏起，王雪，李玥. 区域科技资源共享平台服务绩效评价指标体系研究［J］. 科学管理研究，2015，33（2）：48－51.

［60］王缉慈. 创新的空间：企业集群与区域发展［M］. 北京：北京大学出版社，2001：83－95.

［61］王盟迪. 粤港澳大湾区与旧金山湾区科技创新能力国际比较研究［D］. 兰州：兰州财经大学，2019.

［62］王然，李正元. 科技创新平台与科技创新外部性的内在化［J］. 科技管理研究，2011，31（6）：9－11.

［63］王婉娟，危怀安. 协同创新能力评价指标体系构建——基于国家重点实验室的实证研究［J］. 科学学研究，2016，34（3）：471－480.

［64］王文文，于涛. 基于平衡计分卡的企业质量绩效指标体系的构建［J］. 统计与决策，2013（22）：177－179.

［65］王雪原，王宏起. 区域创新平台管理框架设计［J］. 科技进步与对策，2012，29（11）：29－33.

［66］王宇露，黄平，单蒙蒙. 共性技术创新平台的双层运作体系对分布式创新的影响机理——基于创新网络的视角［J］. 研究与发展管理，2016，28（3）：97－106.

［67］王玉平，余冠华. 科技公共创新平台的运行机制探究［J］. 实验室研究与探索，2018，37（1）：268－271.

［68］魏建良，梦非，纪浩，等. 面向分类的科技创新平台绩效实证研究——以浙江省为例［J］. 科技进步与对策，2018，35（13）：49－56.

［69］魏建松．基于平衡计分卡的江西省科技创新公共服务平台运行绩效评价研究［D］．南昌：江西财经大学，2018.

［70］吴成颂，吕娟，范恒冬．研发公共服务平台绩效评价体系［J］．技术经济，2012，31（3）：38－42.

［71］仵凤清，宋效中，尹凡，等．基于平衡计分卡的地方政府科技管理绩效评估［J］．科技进步与对策，2008（6）：124－127.

［72］肖卫东．中小企业公共服务平台的功能定位与组织创新［J］．学习与探索，2014（2）：104－107.

［73］谢旭红，季诚昌，周芊芊．科技创新平台有效运行机制研究［J］．中国高校科技，2012（7）：30－31.

［74］兴水．芬兰水环境的改善给我们的启示［J］．给水排水动态，2011（5）：37－39.

［75］徐大可．中国地区自主创新能力评价及与经济增长质量关系研究［D］．杭州：浙江大学，2007.

［76］杨晓龙，宋丽莉．国外区域创新体系中政府政策的比较与启示［J］．北方经济，2008（1）：72－74.

［77］杨岩．对如何借鉴国外区域创新体系发展经验问题的探讨［J］．商业经济，2012（11）：56－57.

［78］姚小玲，陈萌．美国高校区域创新能力研究［J］．北京航空航天大学学报（社会科学版），2010，23（3）：105－108，112.

［79］姚遥．上海漕河泾新兴技术开发区产业发展状况调查［J］．统计科学与实践，2011（2）：13－15.

［80］于晓宇，谢富纪，徐恒敏．大都市圈创新体系理论框架与前沿问题研究［J］．科学管理研究，2009，27（3）：6－11.

［81］于晓宇，谢富纪．基于 DEA－Tobit 的区域创新系统资源配置优化策略研究［J］．研究与发展管理，2011，23（1）：1－10.

［82］余唯，李海燕．科技创新平台共享中存在的问题与对策［J］．科技管理研究，2018，38（10）：23－27.

［83］余泽民．创新集群模式分类研究［D］．武汉：华中科技大学，

2007.

[84] 岳素芳,肖广岭. 公共科技服务平台的内涵、类型及特征探析[J]. 自然辩证法研究,2015,31(8):60-65.

[85] 曾昆. 国外科技创新平台建设经验综述[J]. 中国工业评论,2017(12):68-72.

[86] 张定安. 平衡计分卡与公共部门绩效管理[J]. 中国行政管理,2004(6):69-74.

[87] 张海戈,胡伟,周立. 创新科技载体服务地方经济社会发展模式的探讨——以浙江为例[J]. 经济问题,2011(9):127-129.

[88] 张雷. 国外科技园运作模式对我国大学科技园发展的启示[J]. 东北大学学报,2002(7):193-195.

[89] 张立岩. 区域科技创新平台生态系统发展模式与机制研究[D]. 哈尔滨:哈尔滨理工大学,2015.

[90] 张利华,陈钢,李颖明. 基于系统失灵理论的区域科技创新服务平台研究[J]. 中国科技论坛,2007(11):85-89.

[91] 张琼妮. 网络环境下区域协同创新平台模式与机制及政策研究[D]. 杭州:浙江工商大学,2014:59-81.

[92] 张雪梅,王双. 国外科技政策模式对我国构建区域自主创新体系的启示[J]. 科学学研究,2007(S1):63-67.

[93] 章立军. 区域创新环境与创新能力的系统性研究——基于省际数据的经验证据[J]. 财贸研究,2006(5):1-9.

[94] 赵丽,赵峰. 基于正态云的资源型城市科技创新平台点极发展模式评价[J]. 科技进步与对策,2017,34(22):126-132.

[95] 赵沁平. 加强高校科技工作 推动高校科技创新[J]. 中国高等教育,2002(6):4-6.

[96] 赵瑞芬,王俊岭,岳建芳. 创新环境对区域创新能力的贡献测度研究——以河北省为例[J]. 经济与管理,2012,26(2):72-75.

[97] 赵西萍,郑玮,李徽. 国家大学科技园入园机制研究[J]. 科学学与科学技术管理,2005(9):34-38.

［98］赵艳华，赵士雯. 基于灰色关联度的京津冀区域创新能力影响因素比较分析［J］. 大连理工大学学报（社会科学版），2017，38（1）：94-99.

［99］中共中央关于全面深化改革若干重大问题的决定［J］. 理论学习，2013（12）：4-20.

［100］周万生. 人力资本与区域创新能力研究［D］. 成都：四川大学，2007.

［101］Alblas A A, Wortmann J C. Function-technology platforms improve efficiency in high-tech equipment manufacturing: A case study in complex products and systems［J］. International Journal of Operations & Production Management，2014，34（4）：447-476.

［102］Arend R J. Entrepreneurship and dynamic capabilities: How firm age and size affect the capability enhancement-SME performance relationship［J］. Small Business Economics，2014（42）：33-57.

［103］Asheim B T, Isaksen A. Regional innovation system: Integration of local "Sticky" and global "Ubiquitous" knowledge［J］. Journal of Technology Transfer，2002（27）：77-86.

［104］Baldwin D, Clark K B. Managing in an age of modularity［J］. Harvard Business Review，1997，75（5）：84-93.

［105］Chia-Li Lin, Gwo-Hshiung Tzeng. A value-created system of science (technology) park by using DEMATEL［J］. Expert Systems with Applications，2009（36）：9683-9697.

［106］Chien Mingchen, Juan Du, Jazhe Huo, Joe Zhu. Undesirable factors in integer-valued DEA: Evaluating the operational efficiency of city bus system considering safety records［J］. Decision Support System，2012（1）.

［107］Defond M L, Park C W. Effece of competition on CEO turnover［J］. Journal of Accounting & Economies，1999（27）：35-56.

［108］Deroian, F. Formation of social networks and diffusion of innovations［J］. Research Policy，2002，31：835-84.

［109］Fan Y, Huang C, Wang Y. Architecture and operational mechanisms of networked manufacturing integrated platform [J]. International Journal of Production Research, 2005, 12 (6): 2615 – 2629.

[110] Feng Yang, Desheng Dash, Wu Liangliang. Competition strategy and efficiency evaluation for decision making units with fised-sum outputs European [J]. Journal of Operationan Research, 2011 (3).

[111] Graf B, Parlitz C. Robotic home assistant care-o-bot product vision and innovation platform advanced robotics and ITS social impacts [J]. IEEE, 2009: 139 – 144.

[112] Herbig P. Science parks and the performance of new technology-based firms: A review of recent UK evidence and an agenda for future research [J]. Small Business Management Economies, 2004: 177 – 184.

[113] Hickling Arthurs Low. Evaluation framework for the Canada foundation for innovation [EB/OL]. www.innovation.ca, 2002 (1).

[114] Johnson J L, Sohi R S. The development of interfirm partnering competence: Platform for learning, learning activities, and consequences of learning [J]. Journal of Business Research, 2003 (56): 757 – 766.

[115] Juan Du, Chien Ming Chen, Yao Chen. Additive super-efficiency in integer-valued data development analysis [J]. European Journal of Operational Research, 2011 (1).

[116] Krishnan V, Gupta S. Appropriateness and impact of platform-based product development [J]. Management Science, 2001, 47 (1): 52 – 68.

[117] Krishnan V, Gupta, et al. Appropriateness and impact of platform-based product development [J]. Management Science, 2001.

[118] Lan P. Three new features of innovation brought about by information and communication technology information [J]. Information Technology and Management, 2004 (3): 3 – 17.

[119] Laranja M, Uyarra E, Flanagan K. Policies for science, technology and innovation: Translating rationales into regional policies in a multi-level setting [J]. Research Policy, 2008, 37 (5): 823 – 835.

[120] Maes J, Sels L. SMEs' radical product innovation: The role of internally and externally oriented knology capablities [J]. Journal of Small Business Management, 2014 (52): 141-163.

[121] Manner M, Gowdy J. The evolution of social and moral behavior: Evolutionary insights for public policy [J]. Ecological Economics, 2010, 69 (4): 753-761.

[122] Mantena R, Saha R L. Co-petition between differentiated platforms in two-sided markets [J]. Management Information Systems, 2012, 29 (2): 109-139.

[123] Mcgrath M E Product strategy for high-technologycompanies [M]. Homewood IL: Irwin, 1995: 120-124.

[124] Michael S, Christoph H. Specialization as strategy for business incubators: An assessment of the central German multimedia center [J]. Technovation, 2015 (28): 436-449.

[125] Mohnen P, Roller L H. Complementarities in innovation policy [J]. European Economic Review, 2005 (49): 1431-1450.

[126] Nicolas B, Kara G. Building an innovation platform [J]. European Business Forum, 2007 (8): 11-12.

[127] Nucciarelli A, Li F, Fernandes K J, et al. From value chains to technological platforms: The effects of crowdfunding in the digital game industry [J]. Journal of Business Research, 2017, 78 (9): 341-352.

[128] Ottati G D. Cooperation and competition in the industrial district as an organization model [J]. European Planning Studies, 1994, 2 (4): 463-483.

[129] Pappas M, Karabatsouv, Mavrikios D. Development of a web-based collaboration platform for manufacturing product and process design evaluation using virtual reality techniques [J]. International Journal of Computer Integrated Manufacturing, 2006, 8 (12): 805-814.

[130] Parthiban D, Jonathan P. The implications of debt heterogeneity for R&D investment and firm performance [J]. Academy of Management Journal,

2008, 51 (2): 165 – 181.

[131] Robertson D, Ulrich K. Planning for product platform [J]. Sloan Management Review, 1998, 39 (4): 19 – 31.

[132] Rogers E M. Diffusion of innovation (3rd Ed) [M]. New York: Free Press, 1983.

[133] Ruegg R. Bridging from project case study to portfolio analysis in a public R&D program A framework for evaluation and introduction to a composit performance rating system (GCR06 – 891) [R]. Gaithersburg, MD: NIST, 2006.

[134] Safidadeh M H, Field G M, Ritzman L P. Sourcing practices and boundaries of firm in the financial services industry [J]. Strategic Management Journal, 2008 (29): 79 – 91.

[135] Safidadehmh, Fieldgm, Ritzmanl P. Sourcing practices and boundaries of firm in the financial services industry [J]. Management Journal, 2008 (29): 79 – 91.

[136] Saunila M, Ukko J. Intangible aspects of innovation capability in SMEs: Impact of size and industry [J]. Journal of Engineering and Tenhnology Management, 2014 (33): 32 – 46.

[137] Shane S, Venkataraman S, Macmillan I. Cultural differences in innovation championing strategies [J]. Journal of Management, 1995 (21): 931 – 952.

[138] Takashi, Taniguchi. Self-consistent field theory and density functional theory for self-organization in polymeric systems [J]. Journal of the physical society of Japan, 2009 (78): 78 – 89.

[139] Weber L. Knowledge transfer towards SEMs in China [D]. Aalborg University & University. Dissertation of Master Degree, 2010: 57 – 62.